JN123860

山陰研究ブックレット 12

都会に出ること、地元で暮らすこと

島根県高校生・保護者調査から

吹野　卓　片岡　佳美

共著

目　次

はじめに

　20年ほど前、島根大学の教員公募に応募し、面接試験で初めて島根県を訪れた。松江駅に到着し、さあここからどうやって島根大学に行こうかと、とりあえずバス乗り場に行ってみて戸惑った。バスの行き先を見ると「大学行き」とある。どこの大学だ？　これに乗ったら島根大学に行けるのか？　違う大学だったらどうしよう？

　松江には今は島根県立大学のキャンパスもあるが、当時は島根大学しか四年制大学はなかった（島根県には現在もその2校しかない）。したがって、松江で大学と言えば島根大学にほかならない──当時の私はそれを知らなかった。京都出身の私は、家から自転車で行ける範囲に何校もの国公私立大学があり、それを当たり前のように思っていた。

　令和3（2021）年度学校基本調査[1)]の結果によると、2021年、島根県の高校を卒業し大学に進学した者のうち、島根県内の大学に進学した割合は17.1%だったという。8割以上が県外の大学に進学したということである。ちなみに同調査によれば、京都府の高校を卒業し大学進学した者のうち府内の大学に進学した割合は52.2%であった。近隣府県（滋賀県、大阪府、兵庫県）を合わせると85.2%にもなり、これらの府外大学には京都から電車で通学する者も多いだろう。私の学生時代を振り返っても、高校の同級生たちはそれぞれ違う大学に進学したが、ほとんどが地元に残っていて、大学生になってもいつでも会っていた。

　大学の数、交通の便……島根のような地方ではいずれも不利で、大学進学を考えるときは、県外に移住することも視野に入ってくる。そして、島根には大学だけでなく大卒者が希望する就職先も少ないため、「県外に進学」は「そのままずっと県外に住む」をも含意し、その意味で、高校生は進路選択時に人生の一大決心とも言ってよい選択を迫られるのである。

　学歴社会のもと、高校は大学進学に向けた教育に力を入れる。島根県

の高校も例外ではない。大手の進学塾や予備校の少ない地域で、県立高校が、生徒たちを大学に合格させるために塾や予備校の役まで買って出る。吉川徹は、地方において、このように高校がエリート養成に熱心になればなるほど、若年層人口が流出するという「ローカル・トラック」について論じた[2]。子どもが高校を卒業して大学に行く。ただそれだけのことが、島根においては、ふるさとや家族との別れを意味したり、地域の過疎高齢化を一層進める要因になったりする。大ごとだ。

　少子化に歯止めがかからず若年層人口がますます小さくなるなかで、こうしたローカル・トラックが維持されると、やがて「地方消滅」というセンセーショナルな言葉さえリアルに響くようになってくる。そこで、県内定住者を少しでも増やそうと、県内の学校では地元の良さを知るための地域学習に力が入れられたり、地域との連携を強化して地元進学率や地元就職率向上が目指されたりする。学歴社会的価値に基づいた「都会の大学に行くのがいい」と、人口問題対策の中で生じた「地元に住み続けるのがいい」。いずれも直接的には、個人のためにというよりは、現在の社会構造への適応とその維持のために求められていることである。島根の高校生は、それらの声にどのように反応するのだろうか。

　かれらが、矛盾する2つのメッセージのどちらをより強く受け止めるかは、日々かれらのことを親身に支えながら関わり合う親、あるいは家族によっても影響されるだろう。では、どのように親はわが子の進路選択や将来の居住地選択に関与しているのか。かつては、家や家業の継承という、家族内の都合が何より優先され、それが子どもの将来を左右した。しかし今日では、家族は自らの都合や価値基準よりも、たとえば、学校の成績という外的基準でもって、子どもを比較評価することも普通になっている。実際、本書の以下の章でも述べるように、地方の親たちは、学歴社会の競争原理を受け入れ、わが子を都会の大学に進学させ都会で就職させることを「成功した子育て」と捉えている。とはいえ、子どもの県外進学は、親にとっては、学費や仕送りなど経済的負担が大き

いという問題もあるし、また、高校卒業時に親子で暮らす家族生活が終わってしまう（そして、子どもはもう家や地元に戻ってこない）ことを認めなくてはならないという寂しさもあるだろう。さまざまな思いの中で親たちは、わが子の進路選択にどのように関わっているのだろうか。

　地方が置かれている状況が、高校生やその親に、都会に住んでいたなら経験しないであろう生き方を求めてくる。それに対し、かれらはどのように反応しているのか。そして、それらの反応が、どのような「地方」という現実をつくっているのか。地方の問題を、そこで生活している人びとの視点・立場から論じることを目的に、調査研究プロジェクトを立ち上げた。まずは島根大学法文学部山陰研究センターの山陰研究プロジェクトとして「地方の教育期家族についての質的調査研究」（2015年度～2017年度）、そして「住民の生活・生き方から問う「地方」」（2018年度～2020年度）、その後それらを発展させてJSPS科研費のプロジェクトとして「地方の人口問題と家族実践についての調査研究」（19K02076）（2019年度～2022年度）として、7年間継続して実施してきた[3]。

　それぞれのプロジェクトでは、高校生に限らず地方で暮らすさまざまな人びとを研究対象（たとえば、外国人移住者やU・Iターン者）とした調査研究も、主に共同研究者によって行なわれてきたが、本書では片岡と吹野が各プロジェクトを通して関わってきた島根の高校生やその親に対する調査研究について報告する。

　本書の各章で述べられることは以下の通りである。

　第1章では、自分の子どもが島根県外の大学に進学することを望む、あるいは実際に県外に進学させた親へのインタビュー調査の結果について述べる。親たちは「わが子には広い世界を知ってほしい」という思いに基づいて日々かれらの家族生活を実践している。ここでいう「広い世界」とは地元地域の外、つまり都会のことであり、したがってかれらが「広い世界を」と言いながら家族生活を実践すればするほど、わが子の早期の県外流出は避けられなくなる。が、それがかれらにとって正しく満足

のいく家族実践として理解されており、家族実践の目標となっているということが示される。

　第2章では、大学進学を目指す島根の高校生たちが、都会、また地元をどのように捉えているか、高校3年生と保護者を対象に行なったアンケート調査の結果を見ていく。親の価値意識が子の都会志向／地元志向にどのように関わってくるのか、生徒の性別にも注目して分析を行なう。親は女子よりも男子に「広い世界を知ってほしい」とするが、男子に対して「広い世界を」と言うことは、男子を都会志向にするだけではなく、地元志向にもすることができるということが示唆される。

　第3章・第4章では、島根県の中でも条件不利地域と見なされる山間地に暮らす高校生の、都会や地元地域に対する意識や親の家族実践のありようについて、自由記述回答を含むアンケート調査（第3章）、およびインタビュー調査（第4章）から明らかにしようとする。山間地の親もわが子を「広い世界」に出すことを重視するが、親も子も「広い世界」の中身については具体的なイメージがないこと、また、子が都会にあまり魅力を感じず、むしろ「狭い地元」を好むことが示される。一方で、子が地元に残るという選択をしてもそれが「地域貢献のため」と主張される場合には、「広い世界を」の価値観に反しないとされる傾向も示唆される。

　最後に「むすびに代えて」では、一連の調査結果をもとに、島根の高校生とその親にとって都会あるいは地元とは何かについて再考し、そこから現代社会が面している問題、今後の研究課題について述べる。

1）文部科学省「令和3年度　学校基本調査」から「16 出身高校の所在地県別入学者数」参照。
2）吉川徹,2001,『学歴社会のローカル・トラック―地方からの大学進学―』,世界思想社。
3）いずれも研究代表者は、片岡佳美（島根大学）。

第1章

島根県のローカル・トラックと
親の家族実践

■ 大学に行くこと＝島根を出ること

　令和3（2021）年度学校基本調査[1]によれば、2021年3月に島根県内の全日制・定時制高校を卒業したのは約5,800人であった。このうち、大学・短大に進学したのは約2,700人、割合でいうと47％であった（全国平均は57％）。

　「はじめに」でも述べたように、島根県には、4年制大学は島根大学と島根県立大学の2校しかない。両大学合わせた入学定員は約1,200名。短期大学に関しては、県立大学の短期大学部と2018年に設置された私立短期大学があり、それらの短大定員と合わせても1,300名くらいである。島根の大学・短大は、県内高校からの進学者をすべて受け入れられるほどの収容力を持っていない。

　当然のことながら、これらの大学・短大には県外からの入学者も多数いるわけで、実際は、県内大学に入学できる県内高校卒業者の人数はもっと少ない。「はじめに」でも述べたが、令和3（2021）年度学校基本調査[2]の結果では、島根県の高校を卒業した者の約8割が県外の大学に進学したということである。

　このことから分かるように、大学進学を目指す島根の高校生にとって、「大学に行くこと」は「県外に出ること」とほぼ同義となる。そして、その「県外」とはとくに、国公私立、合格難易度もさまざまな大学が多数立地する首都圏、関西圏、そして広島・岡山といった「都会」が考え

られていると言ってよいだろう。現に、2021年に島根の高校を卒業して広島・岡山の大学に進学したケースは770人（28.0％）、関西圏は606人（22.0％）、首都圏は248人（9.0％）で、これだけで同学年の大学進学者の6割を占めた[3]。つまり、「大学に行くこと」は「都会に出ること」でもある。吉川徹[4]が1990年代の島根のローカル・トラックとして示した、高校卒業⇒県外進学というコースは、それから30年ほど経た今日でも、変わらず大きな流れの一つである。

　こうした現象は、学歴社会のもとで、県内に進学先が少ないという事実が重なったことによって生じているのだが、それだけでなく、「都会の大学に行くべきだ、行かなければならない」と生徒たちを県外進学へと「誘導・推進する力」にも注目すべきである。これについて、吉川は、高校（進学校）の働きに焦点を当てた。高学歴志向が高まるなか、高校はどうしても大学受験合格のための教育プログラムを期待される。それが、島根のような地方の場合、若年層の県外流出を促すプログラムとなっていく。高校（進学校）において、生徒たちが都会の有名大学を見学に行く研修があったりするのは、象徴的である。

　もっとも、「はじめに」でも触れたように、近年では、若年層人口流出が進むことへの危機感の高まりから、県内の学校の教育方針に変化も少し起きている。たとえば、生徒たちに地元の地域社会にもっと関心をもってもらおうと、高校では（小・中学校でも）、地域学習や、地域で活躍する大人（ロールモデル）と交流する機会が積極的に取り入れられている。島根大学では、入学試験に島根県・鳥取県の高校生しか志願できない特別枠を設けたりもしている。とはいえ、高校が（県外）大学進学のための教育プログラムに力を入れるのをやめたわけではなく、今も県外進学へと「誘導・推進」している。社会が学歴重視を続ける限り、県外進学という流れを大きく変えることは難しい。

■ 親への注目

　学校のみならず、家族、とくに親も、生徒たちを都会へと「誘導・推進する力」の重要な担い手である。

　たとえば、家業の存続とか後継ぎといったものを重視する親は、わが子が大学に行く必要はとくにないし、進学のために県外に出ていく必要もないと考えるだろう。あるいは、わが子が県外に進学すると言えば、反対するかもしれない。こうした親は、子どもを都会へと「誘導・推進する力」として機能していないということになる。しかし今日では、このようなケースは少ない。現代社会では、職業や社会経済的地位は親から受け継ぐものではなく、自分自身で獲得するものである。多くの親は子どもに、安定した、高収入の得られる職業に就職できるよう願っている。その実現には、大学卒という資格が必要となるため、それらの親たちは、子どもの大学進学を重視する。地方の場合は大学が少ないので、親たちは、子どもが都会に出て行くことを当然のことだと思っている。とすれば、かれらの「誘導・推進する力」は相当大きなものになるだろう。

　では、親はどのように子どもの県外進学への誘導・推進に関わっているのか。それを明らかにするため、2015年12月から2016年6月にかけて、島根県で、高校生の子どもに県外に進学させたいと考えている、あるいは実際に県外に進学させた親9名を対象にインタビュー調査を行なった。かれらの子どもは（きょうだいがいる場合は少なくとも1人は）、大学進学率の高い県立高校に通っていた。インタビュー調査では、かれらは口々に「子どもには広い世界を学ばせたい」と語った。子どもがまだ小さいうちから、習い事など、積極的に知的な刺激を与えることに熱心だった親も多かった。そして、そうした親の思いの延長線上に、というより、そのゴールとして、「県外の大学進学」があった。

　親の「広い世界を学ばせたい」という思いは、まさに子どもを都会へと「誘導・推進する力」の源泉であった。では、その「広い世界を学ば

せたい」という思い、そしてそのための一連の実践・活動は、どのように
して生じるのか。インタビュー調査からは、かれらにとってはそれが
「親として当然」のことであり、また「親」であるためにも必要なこと
であったことが示唆された。つまり、かれらはただ「親」をするために
（あるいは「親」になるために）、それをしていただけだった。実際、か
れらは、子どもに「広い世界を学ばせる」ことに一所懸命に取り組んで
いたときが、最も家族生活が充実していたと感じており、そして、子ど
もが県外進学を達成し家を出て行ってしまうと、親として今後は何に熱
心に取り組めばよいのか具体的な目標が見えず、ぽっかり穴が空いたよ
うな気分になっていた。

　このような議論は、すでに別のところで行なったので詳細はそちらを
参照していただきたいが[5]、ここではそこで扱った事例の一部について、
再構成し、その特徴を確認しておきたい。

■「広い世界を学ばせたい」── A さんの場合

　A さん（母親）は、息子の早期学習・幼児教育に力を入れてきた。幼
児の頃から漢字の学習を始め、小学生の頃には高校生向けの教材に取り
組ませた。そして、高校生になると、アメリカ短期留学を体験させた。
A さんは、お金は子どもにはなかなか残してやれないが、学力と自学自
習力を身につけさせておくのが親の務めだ、うちの方針だと述べた。

　調査時高校 3 年生の息子は、もちろん、県外の（東京の難関）大学を
目指していた。海外留学にも関心があるとのことだった。A さんによれ
ば、進路選択はもっぱら子ども任せということであった。

　「もう自分で何でも決めますね。中学校、うん、2 年生ぐらいからも
う自分の考えはだんだんと固まってきて、うん、（自然の）環境を整え
るような仕事、研究もしたいと。……目標があるから、学校が楽しいん
だと思います。」

そして、こう語った。

「やっぱり、子どもって自分の所有物ではないので。一人の大人として見守りたいと思います。うんうん、やっぱり、かけがえのない子どもなので、関わり合いとしてはもうあまり向こうの迷惑にならないように、こちらは黙って応援する。」

確かに、進学のため東京へ出ることは、息子自身が選択している。しかし、その選択に至るまでのところで、Aさんのエリート教育への熱心な取り組みが大きく影響していると考えられる。実際、Aさんは、自分の両親から「上手に育った」とほめられているということだった。Aさんの両親は、幼少の頃から漢字などを学習させるのに最初は懐疑的だったが、成績優秀で勉学にも意欲的な子に育ったのを見て、Aさんについては感心しているという。Aさんも、子どもが「平和に」育っていると満足していた。

■「広い世界を学ばせたい」──Bさんの場合

Bさん（父親）は、わが子にいろいろな世界を見せてあげようと努めてきた。それは、地方に住んでいるから、なお一層強く意識して取り組んだという。

「刺激を与えているんです。常に与えてきたんです。向上心には結びつかなかったですが。……それはね、小学校の時で。（息子たち）2人が中学年と高学年になったときには、韓国の同じ世代の子を1人、ホームステイさせて遊んだりしたんですけどね。……いや、結局、たぶん僕も、田舎にいるとそういう刺激がないから、与えないといけないっていう意識はあって、そういう育て方をしたのかもしれないですね。」

「昔はいろんな教室とかも連れて行ったりね。ここら辺だと三瓶山があるでしょう、青少年交流の家があるから、あそこでいろんな……冬はね、歩くスキーだとか、そういうのに行かせたりね、いろいろな、何か

あれば参加させるようにして、一緒にできれば参加したり。どっちかってお金かけないことのほうが大事だと思ってね。一緒に何か活動したりね、山登ったり、歩いたり。石見銀山も、（世界遺産に）登録する前、僕もガイドの勉強してたんで、一緒に連れて山登りとかしてましたからね。」

　Bさんの子どもは、すでに県内進学校を卒業し県外の大学進学を実現していた。「広い世界を学ばせる」という、親としての任務は達成したということになる。Bさんは今、子ども部屋を片付け始めているとのことで、子どもが置いていった荷物を少しずつ処分していた。子どもと、この家でまた一緒に暮らすことはないと考えているからである。親子揃っての家族という物語は、子どもの県外進学で一区切り。それが、島根のローカル・トラックがもたらす家族のありようである。

　親たちは、子どもの高校卒業までの18年間、かれらの考える「親」を一所懸命に実践する。かれらにとっては、その期間が最も充実した親子の時間である。だが、実際は、Bさんが言うように、もっと短いのかもしれない。

　「家族で楽しめたのは、子どもが中学校に入るまでですね。中学校に入ると部活が始まるんで、もうどうしてもそっちがメインになって、週末でも。」

■「広い世界を学ばせたい」──Cさんの場合

　Cさん（母親）もまた、「子どもに広い世界を学ばせたい」という思いから、息子が小さい頃から、テニス、書道、ピアノ、社交ダンスと、さまざまな習い事を体験させてきた。Cさんは、親のエゴの「押しつけかもしれない」と葛藤を感じることもあったが、どれも器用に上手にこなす子どもを見ると嬉しくなり、そのことがCさんの家族生活を充実させていたという。

Cさんにとっても、「広い世界の学び」のゴールは県外進学であった。ところが、子どもが高校2年になって突然、地元の島根大学を受験したいと言い出した。これには、CさんもCさんの夫も非常に戸惑い、親子で激しく対立したという。

「うちの子なんか見てると、県外に行けばいいのにって私なんかは思うし、こんなとこもあるよ、こんなとこもあるよって言うけど、もう何か本人はまだそういうことを受け入れる体制にない。ああ、高校を卒業していろいろ体験していろんな人に出会って……。なぜか県外進学に向かう車から降りて考えて、うちの子はこういうこと、つまり、地元に残ることを話すんだな……。」

「何か、（息子を）大事に大事にしてきたんだわなと思って。外は怖いっていうふうに育ててしまったのかなと思ったり。」

進学は県外であるというのを当然としているので、子どもがそれを選ばないとなると、親はそれを受け止めきれない。狭いところ、すなわち県内で満足せず、もっといろいろな世界を知ってほしかった親は、自分の子育ての仕方がまずかったのではないかと反省する。

■「広い世界を学ばせたい」──Ｄさんの場合

Ｄさん（父親）の高校3年生の娘も、県外の大学に行くことを考えておらず、Ｄさんは戸惑っていた。今は県外進学を選択肢に入れていない娘であるが、そのうち県外を目指すようになるのではないかと期待し、また、そうあってほしいと思っている。

「（娘は）自分のやりたいことが、まだ定まらないみたいで、でも何か大学には行きたい。で、家からは出たくない。……あんまり反抗、家を飛び出したりとか、そういう反抗はなくて。家が好きみたいですね。……行きたいところがというか、何をやりたいかっていうですね、それが決まれば、たとえば、こちらの大学にないもの（学部・学科）であれ

ば、県外とかも考えると思うんですけど……。父親としては1回出した
いと思いますけどね……。」

　大型ショッピングモールが地方にも進出している今日、都会に出なく
ても、都会の若者と同じようなモノは手に入る。何なら、ネット・ショッ
ピングもある。今や、地方であっても若者は退屈せず、ほどほどに楽し
く生活できるようになった。地方の若者においては、確かに地元志向が
高まっている[6]。

　しかし、親は、そのような価値観についていけていない。親にとって
は、子どものためには「広い世界を学ぶ」ことがやはり重要であり、都
会に出るべきなのである。

　「父親としては1回県外に出したいと思います。お金がないから県外
の大学は諦めてくれとかそういうのはできないということですね。私も
5人兄弟で2番目ですけれども、私の親は上からみんな送り出してくれ
て……。」

　子どもの「広い世界の学び」のために、親は、お金も労力も惜しまな
い。つまり、県外大学に進学するための費用も、親がなんとかする。親
というのはそういうもの、ということである。

■「広い世界を学ばせたい」── Eさんの場合

　Eさん（母親）の場合は、長女は県外の国立大学に進学したが、高校
生の二女が県外大学どころか大学そのものを目指して勉強することもせ
ず、部活ばかりやっているということであった。Eさんは、そのことに
ヤキモキしている。インタビューでは、「下の子は、子育てが成功して
ないと思います」と調査者に語った。そして、「小さい頃から、ちょっ
と下の子は変わってるなと思ってて……」と言い訳するように述べた。

　Eさんもまた、親の務めは子どもに「広い世界を学ばせる」ことであ
り「県外の大学に進学させる」ことである、というのを常識、ないしは

正しいこととして捉えていることがうかがえる。

　大学生の長女のほうは、大学院への進学も考えているということであった。Eさんは、おそらくもう島根には戻ってこないだろうと思っている。

　「（長女が地元に戻る可能性は）低いと思います、多分、はい。まあ何となく分かっていたので、はい。こっちで、何て言うのかな、思わぬところで働くよりは、自分がやりたいことがあるというか、そういう大きな企業とかが多分いいと思うんで……。」

　高学歴の女性が満足できる就職の選択肢が、ここにはない。一度「広い世界」に出た者が、「狭い世界」である地方に戻ることは想定されていない。

　県外の国立大学進学という「成功したコース」によって親が求められるのは、子どもと共に暮らす生活を、子どもが18歳になったときに潔く終了することである。

■「広い世界を学ぶ」の意味

　かわいい子には旅をさせたい。井の中の蛙はよくない。そうした考えは、都会の親たちにも浸透していて、かれらもまた、子どもに広い世界を学ばせるために労力やお金を惜しむべきでないと思って子育てをしているものと思われる。しかし、島根の親たちが重視し追求する「広い世界を学ばせる」という親の務めは、最終的に子どもが地元を離れ都会に出て行ってしまうことにつながっている。その点が、地方と都会の違いである。

　なぜ、地方ではそうなるのか。じつは、広い世界を学ばせたいと言って親たちが力を入れていることは、上述の事例においても見られたように、ピアノや書道といった習い事、早期教育、異文化交流など、学校において評価されるようなこと、要するに学歴社会で価値が置かれている

ことである。最近であれば、プログラミングや英語といったものも含まれてくるのかもしれない。それらは、受験競争で有利となるものである。家の仕事の手伝いであるとか、家族成員の看護・介護であるとか、そういうものはここでは重要でない。というより、それらは、むしろ競争では足を引っ張るマイナス要因となるだろう。結局、「広い世界」と言ってもそれは、一つの方向だけを向いている。つまり、偏っているのである。

　学校で評価されるようなことを達成し積んでいけば、学業成績も上がり、その結果、よりよい大学にも行ける。よりよい大学というのは、単純に都会の大学のことである。結局は、競争で有利か不利かが問題であり、都会は「広い」けれども、田舎は「狭い」からダメ、ということになる。勉強して学校で評価され、よい大学、要するに都会の大学に行くというシナリオがあって、それに沿っていないといけない。親の広い世界を学ばせるという子育ては、学校での成功、そして、その延長線上に都会の大学への進学というものがつながっている。

■「親をする」あるいは「家族をする」

　筆者の一人は、これらの親にとって「親をすること」とは、結局は「子を県外に出すこと」だったと論じた。親が親としてふるまえばふるまうほど、子どもは早々に県外に出て行くよう仕向けられ、そして子どもが県外進学したところで親は「目標達成」となってしまう。かれらには、その先どんな「親をすること」に没頭すべきなのかについて明確な考えがない。よって、親子共同でつくり出す家族の物語は、子どもが高校を卒業し県外に出たところで実質的には終わりとなる。そうなってしまうのは、学歴社会あるいは競争社会が「上へ、上へ」勝ち進んでいくことを煽るからであり、そのために「広い世界を学ばさなければならない」と親が一所懸命になるからであり、そしてその親の熱心は、「親がやらねばだれがするのか。親ががんばらねば」という、子育ての責任を親だ

けに背負い込ませる近代家族という規範・モデルの影響を受けているからだろう[7]。

　ところで、「親をする」という表現は、日常的な会話のなかでは聞き慣れない表現であるため、奇妙に聞こえるかもしれない。「親である」なら分かるが、「親をする」とは、いったいどういうことなのか。

　「親をする」は、イギリスの家族社会学者デイヴィッド・モーガンが家族についての新たな分析視角として提唱する「家族実践（family practices）」において強調される「家族をすること（doing family）」から派生したものである。モーガンによれば、家族成員たちは「家族をする」ことによって家族になるのであり、また、家族であるがゆえに家族成員たちは「家族をする」。したがって、家族は、はじめからそこに存在した事物（名詞の「家族」）としてというよりはむしろ、人びとが行なっていること（動詞の家族、すなわち「家族をする」）として捉えられるべきである。このように、家族を「するもの」として捉えれば、家族の可変性、多様性を議論しやすくなる。それは、家族とは何かという問いに対する答えが流動的で多様になっている今日、ますます重要な視点である[8]。

　家族成員は、「私たちは家族である」という認識のもと、他の成員たちとの間で「家族ならそれは当然」あるいは「それをするから家族なのだ」と考えることをそれぞれ行なっている。親が子どものお弁当を作ったり、離れて暮らす高齢の親に娘や息子が週に一度電話をしたりするといったことは、そうした行ない、つまり家族実践である。また、家族成員たちは、家族の外部に向けて「私たちは家族です」、あるいは「私たちは幸せな家族です」と伝えるために、家族外部の第三者に向けて、それらの「家族」を実践するときもある。家族揃って撮った写真を職場の机に飾るといったことは、その一例であるだろう。

　いずれにせよ家族実践は、かれらが家族であることを創造・表出し、そしてそうやって創造・表出された家族を維持するために、また、場合

によってはつくり直すために、家族成員たちは家族実践をし続けることになる。家族とは、絶え間ない日々の家族実践によって創造・維持されているものなのである。

したがって、家族実践という切り口から家族を論ずるということは、その家族実践が継続的に行なわれることで日課や規則になっていくという点にも目を向けることである。家族成員たちが「家族をする」のは、「私たちの家族」を新たに創出したり更新したりするときだけではない。かれらは、「家族をする」ことで、家族生活のモード（様式）やパターンの創造に積極的に関わってもいる。つまり、「私たちの家族」の維持・存続のためにも家族実践は行なわれる。夕食は何時に食べるか、だれが洗濯物をたたむのか、毎日必ず一家団欒の時間をもつかなど、それぞれの家族には流儀があるが、これらの流儀も日々の家族実践によってできたものである。もちろんそれは、社会的・文化的・物質的文脈に制約を受けたりしながらできていったものである[9]。

今回、親たちは、親であるために、子どもに「広い世界」を学ばせようと努めていた。実際、BさんやCさんなどが、それを一所懸命に行なっていたときが最も家族生活が充実していたと述べていたように、それはまさに家族であるための、あるいは家族になるための家族実践だったのである。だが、子どもを県外に送り出してからは、かれらには、親子間での家族実践について明確な戦略・目標がなくなってしまった。もちろん、かれらは、都会に出た子どものことをいつも気にかけているだろうし、子どもが帰省したときには、子どもの大好物を料理したり、久々の一家団欒を楽しんだりするかもしれない。それはそれで家族実践であるには違いない。けれども、「広い世界を学ばせる」家族実践に比べると、熱中したり多大なエネルギー（体力も精神もお金も時間も）が注がれたりするものではない。子どもに「広い世界を学ばせる」ことこそ、かれらにとって最も大きな、メインの家族実践だったのである。

■「広い世界を」の家族実践の相対化

　親の「わが子に広い世界を学ばせる」家族実践は、子どもが都会の大学への進学を選択するよう、誘導・推進する力となる。とはいえ、そうした力が働いたとしても、結果的に子どもが都会の大学進学を選ぶとは限らない。そのようなとき、親はそれにどのように対応すべきか、困惑することになる。

　上述の事例では、Cさん、Dさんは、子どもが高校卒業後も地元に残りたいと言い出していることに戸惑っていた。Eさんは、二女が大学受験自体、真剣に考えていないことに苛立っていた。親からすれば、「うちの子は、なぜ広い世界に出ようとしないのか」という、困惑と焦りの気持ちがある。それは、息子が東京の大学を目指しているAさんが、子育てがうまくできていると満足を感じていたのと対照的である。

　Cさん、Dさん、Eさんの戸惑いや困惑が大きいのは、家族を創造・維持するための家族実践のうち、「広い世界を学ばせる」という家族実践が優位を占めているからであろう。かれらの家族は「広い世界を」の家族実践によって最も充実する。とはいえ、それ以外の家族実践でかれらの家族が充実する可能性はないのかと言えば、そうではないだろう。Eさんの次のエピソードが、そのことを示唆している。

　Eさんの長女は県外の国立大学に一浪して合格した。浪人中、長女は自宅から、高校の補習科に通って勉強していた。補習科というのは、県立高校（いわゆる進学校）にある、浪人生のための大学受験予備校のようなものである。補習科の生徒は、高校の制服を着てそこ（高校）へ通っており、高校「4年生」のようにも見える。都会と違って、大学受験を専門とした大手の塾や予備校が少ないということで、生徒やその親たちのニーズを受けて設置されている（県や高校が直接設置するのではなく、高校のPTAが設置する）。

　Eさんは、長女がこの補習科に通っていた1年間が、家族にとってよ

かったと語った。

　「（長女は、補習科については）勉強してるんだから勉強しに行く、もうそれしかないから、（学校生活や友だち付き合いなどは別に）いいって言って。それで浪人1年間、これはうちの家にとってすごくよかったんですけど、家族との会話が増えたんですね。学校がつまらなすぎて。〈中略〉浪人のときに、下の子が中学生だったのかな、中学2年ぐらいですかね。（長女と）すごく仲良くなって。関ジャニ∞が、（長女と二女の）2人、大好きになって、それを介しながら、映像見ながら。〈中略〉あれがなかったら、きょうだいがそこまで仲良くなかったと思うんですけど。」

　「またこれもおもしろいなと思うんですけど、秋に、地区の運動会があって、で、まあ、ずっとこうやってる（勉強している）から、たまには出てみん？って（私が）言って。（長女は）ちっちゃい頃（運動会に）出てたんですね。〈中略〉連れて行ったら、ちっちゃいときに会ってた地域の人が声をかけてくださって、すごく、あら久しぶりね、どうしてる、とかって言って。わりと社交的な子なので楽しかったみたいで。それで結局その種目だけ出て帰るって言ってたのが、一日いて、終わって直会（＝祭りの終わりに開かれる、飲食を共にする集まり。元々は、神社の祭りの終了後、参加者でお供えものをいただくことを言うが、そうした慣習が必ずしも神事ではない地域行事にも広がった。）まで行って。近所のおじさんが、おい、久しぶりだなあとか、飲むかとか、いやまだ19ですからダメですとか言って、そんなやりとりをして。」

　浪人時代というのは受験勉強漬けのイメージがあるが、実際は、部活がなかったりEさんの長女のように遊ぶ友だちも周りにいなかったり、勉強以外の時間の過ごし方が高校時代と違ってくる。Eさんの長女の場合は、家族や地域で過ごす時間が増えた。Eさんはこのことが家族にとってよかったと語るが、それは、Eさんが「広い世界を学ばせる」という家族実践とは違う、別の家族実践——コミュニケーションの充実によっ

て、仲がよく一致団結した家族をつくる、親子で地域の人びととの交流を楽しむ——のほうを重視するようになったということを意味しているのかもしれない。とすれば、長女の浪人時代、Eさんにとってこれまで最も優勢だった「広い世界を」の家族実践が相対化され、それ以外の家族実践によって家族が創造されていたことに、Eさんは満足や喜びを感じていたとも考えられる。

しかし一方でEさんは、家族や地域で過ごす時間が、結果的に長女の模試の成績によい効果をもたらしたとも語っていた。同じことばかりやるよりも、違うことに目を向けることで脳に刺激が与えられ、それが結果的に試験の点数アップにつながった、と。

最終的に長女は県外の大学に進学した。「広い世界」「県外進学」以外に価値や目標を置いた家族実践は持続しなかった。というより、実際それがメインの家族実践になることもなかったのかもしれない[10]。

1）文部科学省「令和3年度　学校基本調査」から「285 都道府県別大学・短期大学等への進学者数」参照。
2）文部科学省「令和3年度　学校基本調査」から「16 出身高校の所在地県別入学者数」参照。
3）同上。
4）吉川徹, 2001,『学歴社会のローカル・トラック—地方からの大学進学—』, 世界思想社。
5）片岡佳美, 2020,「親は子どもの県外移住にどのように関与したのか—島根県若年層人口流出と家族実践についての一考察—」『ソシオロジ』64 (3), 113-129。本章では、この論文で取り上げた事例を、一部追加情報も含めて構成し直し再掲する。
6）阿部真大, 2013,『地方にこもる若者たち—都会と田舎の間に出現した新しい社会—』, 朝日新聞出版。
7）片岡、前掲書。
8）Morgan, D. H. J., 1996, *Family Connections: An Introduction to Family Studies*, Polity.

Morgan, D. H. J., 2011, *Rethinking Family Practices*, Palgrave Macmillan. （野々山久也・片岡佳美訳, 2017, 『家族実践の社会学—標準モデルの幻想から日常生活の現実へ—』北大路書房）

9）Chambers, P., Allan, G., Phillipson, C. and Ray, M., 2009, *Family Practices in Later Life*, The Policy Press.

10）このインタビュー調査の後、新たに島根県で高校生の保護者を対象としたインタビュー調査を行なったが（2019年）、その調査においては、子どもが進学校と呼ばれる高校に進学したものの学校になじめず通信制高校に転校したという父母が、「広い世界を知ってほしい」という親の思いを子どもに押しつけてはいけないと考えるようになったと述べていたケースがあった。しかしその一方で、心の中では「やっぱり大学に行ってほしいっていう気持ちは当然あるんですよ。お金（の問題）とか別にしても。そのほうが当然、就職するにしても……有利ではあるということは、非常に理解してる」ということでもあった。

第**2**章

大学進学を目指す高校生と
その親にとっての地元と都会

■ 生徒・保護者ペア調査について

　大学進学を希望する高校生は、地元、そして都会で暮らすことについてどのように考えているのか。高校生の親は、わが子の将来についてどのような希望や期待をもっているのか。また、親がどのような意識で子育てをしていれば、子の地元志向あるいは都会志向が強まるのか。それらを明らかにすることを目的に、2019年9月、島根県松江市の3つの県立高校（いずれも、卒業後は大学に進学する者の多い「進学校」）の3年生全員730人とその保護者を対象に、アンケート調査を行なった[1]。

　生徒向けの調査票は、性別、地元や都会に対する意識、親への思いや将来についての意識についての質問項目からなり、保護者向けの調査票は、性別、4年制大学を卒業した（または、在学中の）家族成員の有無、子育てする中で力を入れてきたこと、わが子の将来の幸せにとって重要なことについての質問項目からなる。

　以下の分析では、生徒の回答と保護者の回答との関係を、男子生徒と女子生徒での違いに注目しながら見ていくため、生徒と保護者の回答票がペアで回収でき、かつ、生徒の性別が無回答でないものを有効とした。結果、512ケース（男子225ケース、女子287ケース）が分析対象となった。

　保護者の回答は、8割以上が女性の回答であり、大多数が母親の回答であることが示唆された。また、回答者本人が4年制大学卒であるのは150ケース、3割弱であった。「回答者以外の保護者」（大半は回答者の

25

配偶者と推定）が4年制大学卒であると答えたケースも合わせると284ケースとなり、5割を超えた。

■ 生徒の意識を問う項目

　生徒の地元や都会に対する意識、親のことや将来についての意識は、以下の22項目から問うた。回答は、「そう思う」「ややそう思う」「どちらとも言えない」「あまりそう思わない」「そう思わない」の5点尺度で得た。項目の順序は、ここでは見やすいように分類・整理しており、調査票に記載された質問順序と同じではない。

【地元に対する意識】
　・自分のふるさとに誇りをもっている
　・高校卒業後も、今住んでいる地域に残りたい
　・自分が育った地域のために、何か役に立つことをしたい
　・現実的に考えれば、自分は今後、県外に出て、もう戻らないというコースを辿るだろう
　・老後は、島根で暮らしたい

【都会に対する意識】
　・高校卒業後、少なくとも一度は都会で暮らすことになるだろう
　・都会であくせく生きていくのは嫌だ
　・自分の可能性を広げるために、一度は都会で暮らしたほうがよい
　・都会には、あまり魅力を感じない

【都会と地方の比較についての意識】
　・都会の人は、地方の人より得をしている
　・都会に出なければ、「勝ち組」にはなれない

【親に対する意識】
　・親が高齢になったら、親の身の回りの世話は私がするだろう
　・親に経済的な負担をあまりかけたくない
　・大事なことは、親に相談するようにしている
　・家の跡継ぎになることについて考えたことがある

【自立についての意識】
　・早く親から自立したい
　・都会で一人で生活していく自信がない

【将来、人生についての意識】
　・平凡な人生でよい
　・将来は、海外で活躍する人になりたい
　・人に流されず、自分らしく生きている実感がある
　・社会的・経済的に地位が高い人になりたい

【大学進学についての意識】
　・大学には絶対に進学したい

　いわゆる「進学校」の生徒を調査対象にしたこともあり、回答者の高校生においては、「大学には絶対に進学したい」という項目に対し「そう思う」または「ややそう思う」という回答が9割以上を占めた。男子では94.4%、女子では93.8%と、性別による差は見られなかった。

■ 地元に対する意識

　図1－1〜1－5は、地元に対する意識について問うた結果を男女別に集計した結果である。「自分のふるさとに誇りをもっている」と「自分

が育った地域のために、何か役に立つことをしたい」については、男女とも、肯定的な回答が半数、あるいは過半数を占めている。「老後は島根で暮らしたい」も、男女とも、半数には及ばないが、否定的な回答より肯定的な回答のほうが多くなっている。地元への愛着は、性別に関係なく、わりあい強いことが分かる。

一方で、「高校卒業後も、今住んでいる地域に残りたい」は、男女とも、肯定的な回答より否定的な回答のほうが多い。大学進学を目指す生徒たちにとっては、地元は「出て行くもの」となっているということだろう。

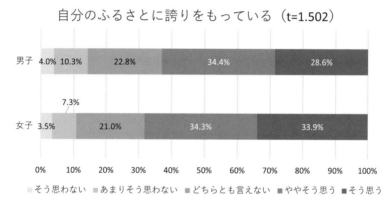

図1−1　地元に対する意識

※各グラフのタイトルに付したt値は、肯定的な回答であるほど高得点になるよう、回答に1〜5点を配点して性別平均を算出し、男子平均と女子平均の間に差があると言えるかt検定を行なったときの数値。数値に*や†といった記号がついているものは、統計学的に有意な差があることが認められたことを表す。

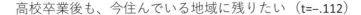

高校卒業後も、今住んでいる地域に残りたい（t=−.112）

	そう思わない	あまりそう思わない	どちらとも言えない	ややそう思う	そう思う
男子	14.9%	29.7%	29.7%	15.8%	9.9%
女子	19.9%	21.3%	33.1%	15.7%	10.1%

0%　10%　20%　30%　40%　50%　60%　70%　80%　90%　100%

そう思わない　あまりそう思わない　どちらとも言えない　ややそう思う　そう思う

図1-2　地元に対する意識

自分が育った地域のために、何か役に立つことを
したい（t=1.507）

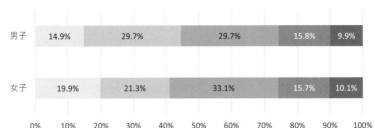

	そう思わない	あまりそう思わない	どちらとも言えない	ややそう思う	そう思う
男子	7.1%	17.9%	22.3%	35.7%	17.0%
女子	5.6%	12.2%	28.9%	30.3%	23.0%

0%　10%　20%　30%　40%　50%　60%　70%　80%　90%　100%

そう思わない　あまりそう思わない　どちらとも言えない　ややそう思う　そう思う

図1-3　地元に対する意識

現実的に考えれば、自分は今後、県外に出て、
もう戻らないというコースを辿るだろう
（t=−.2.393*）

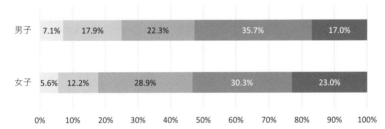

	そう思わない	あまりそう思わない	どちらとも言えない	ややそう思う	そう思う
男子	10.7%	18.8%	43.8%	16.1%	10.7%
女子	15.0%	26.1%	38.3%	11.5%	9.1%

0%　10%　20%　30%　40%　50%　60%　70%　80%　90%　100%

そう思わない　あまりそう思わない　どちらとも言えない　ややそう思う　そう思う

図1-4　地元に対する意識（*p<.05）

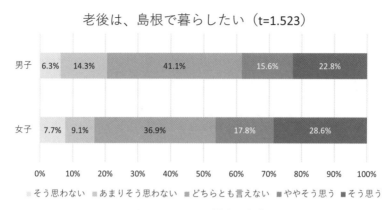

図1-5　地元に対する意識

　ただ、男女とも、「現実的に考えれば、自分は今後、県外に出て、も
う戻らないというコースを辿るだろう」では、意外にも肯定的な回答は
多くない。とくに女子においては、男子に比べ、否定的な回答の割合が
大きくなっている。女子のほうが、地元で暮らす将来をリアルに捉えて
いる。

■ **都会に対する意識**

　図2-1～2-4は、都会に対する意識についての結果である。やはり
大学進学を希望する生徒が多数を占めるため、「高校卒業後、少なくと
も一度は都会で暮らすことになるだろう」では、男女とも、肯定的な回
答が50～60％を占めている。ただ、「どちらとも言えない」という回答
も3割程度ある。

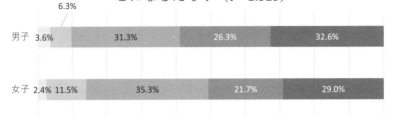

図2−1　都会に対する意識

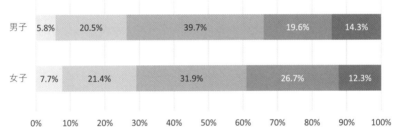

図2−2　都会に対する意識

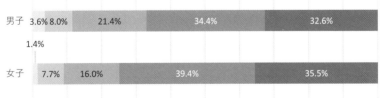

図2−3　都会に対する意識（†<.1）

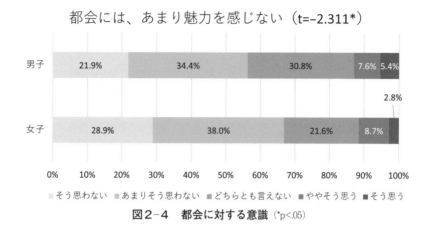

図2−4　都会に対する意識 (*p<.05)

　「自分の可能性を広げるために、一度は都会で暮らしたほうがよい」
については、肯定的な回答が、若干女子のほうが割合が大きいが、男女
ともに過半数を占める。「都会には、あまり魅力を感じない」も、否定
的な回答が、これも女子のほうが割合が大きいが、男女とも過半数を占
める。都会については、男女ともポジティブなイメージをもっていて、
女子のほうがその傾向が強いということがうかがえる。

■ 都会と地方の比較についての意識

　図3−1〜3−2に見るように、「都会の人は、地方の人より得をして
いる」については、男女とも、肯定的な回答と否定的な回答の割合が同
程度である。一方、「都会に出なければ、『勝ち組』にはなれない」は、
男女とも肯定的な回答は非常に少なく否定的な回答が多くを占めるが、
否定的な回答の割合は、とくに女子において大きい。生徒たちは、必ず
しも「都会＝勝者」とは捉えていないようである。

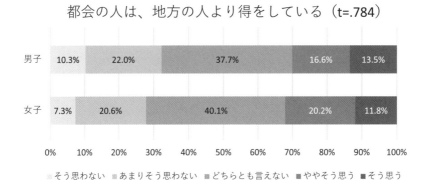

都会の人は、地方の人より得をしている（t=.784）

	そう思わない	あまりそう思わない	どちらとも言えない	ややそう思う	そう思う
男子	10.3%	22.0%	37.7%	16.6%	13.5%
女子	7.3%	20.6%	40.1%	20.2%	11.8%

図3-1　都会と地方の比較についての意識

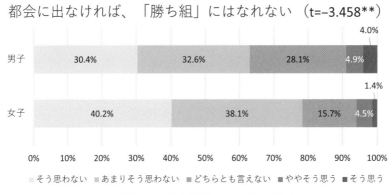

都会に出なければ、「勝ち組」にはなれない（t=-3.458**）

	そう思わない	あまりそう思わない	どちらとも言えない	ややそう思う	そう思う
男子	30.4%	32.6%	28.1%	4.9%	4.0%
女子	40.2%	38.1%	15.7%	4.5%	1.4%

図3-2　都会と地方の比較についての意識 (**p<.01)

■ 親に対する意識

　図4-1〜4-4に示すように、「親が高齢になったら、親の身の回りの世話は私がするだろう」について、男女とも肯定的な回答が6割程度を占めた。否定的な回答は、1割にも満たない。「親に経済的な負担をあまりかけたくない」も、肯定的な回答が男子では8割、女子では9割を占め、親のことを気づかっている生徒たちが多いことがうかがえる。

　「大事なことは、親に相談するようにしている」では、肯定的な回答

の割合は、男女ともに７〜８割と多くを占めた。とくに女子では、もっとも肯定的な回答である「そう思う」の割合が５割にのぼった。多くの生徒たちが親を信頼しており、親子間の意思疎通も十分に取れているようである。

　「家の跡継ぎになることについて考えたことがある」については、男女とも、否定的な回答が多くを占めたが、男子においては肯定的な回答も４分の１を占めた（女子では１割にも満たない）。家制度の時代ではない今日、ここでいう「家」とは、単に自分の親の仕事や住居だけを指しているとも考えられるだろう。そうであったとしても、男子のほうが強く意識しているということからは、「家の跡継ぎ」とか「長男」という言葉が決して死語になったわけではなく、今日もある程度は影響をもっていることが示唆される。

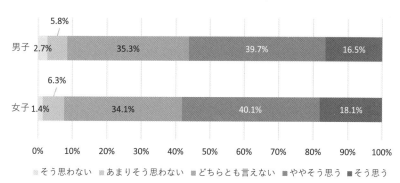

親が高齢になったら、親の身の回りの世話は私がするだろう（t=.700）

図４-１　親に対する意識

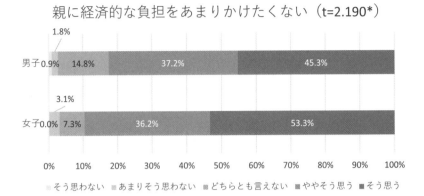

親に経済的な負担をあまりかけたくない（t=2.190*）

	そう思わない	あまりそう思わない	どちらとも言えない	ややそう思う	そう思う
男子	0.9%	1.8%	14.8%	37.2%	45.3%
女子	0.0%	3.1%	7.3%	36.2%	53.3%

■そう思わない ■あまりそう思わない ■どちらとも言えない ■ややそう思う ■そう思う

図4-2　親に対する意識（*p<.05）

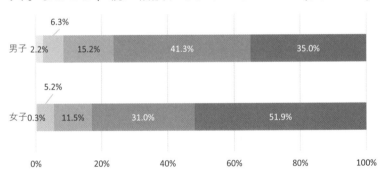

大事なことは、親に相談するようにしている（t=3.427**）

	そう思わない	あまりそう思わない	どちらとも言えない	ややそう思う	そう思う
男子	2.2%	6.3%	15.2%	41.3%	35.0%
女子	0.3%	5.2%	11.5%	31.0%	51.9%

■そう思わない ■あまりそう思わない ■どちらとも言えない ■ややそう思う ■そう思う

図4-3　親に対する意識（**p<.01）

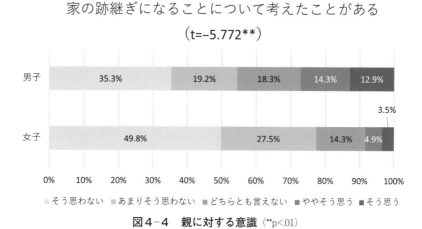

図4-4　親に対する意識（**p<.01）

■ 自立についての意識

　自立についての項目の結果を見たのが図5-1〜5-2である。「早く親から自立したい」は男女とも肯定的な回答が多くを占めたが、男子のほうがより大きな割合を占めた。「都会で一人で生活していく自信がない」は女子において肯定的な回答が多く見られた。

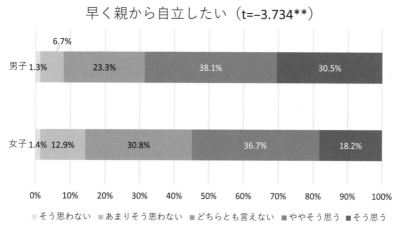

図5-1　自立についての意識（**p<.01）

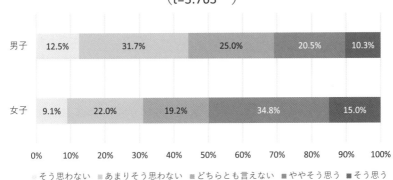

都会で一人で生活していく自信がない
（t=3.763**）

	そう思わない	あまりそう思わない	どちらとも言えない	ややそう思う	そう思う
男子	12.5%	31.7%	25.0%	20.5%	10.3%
女子	9.1%	22.0%	19.2%	34.8%	15.0%

図5-2　自立についての意識 (**p<.01)

■ 将来、人生についての意識

　図6-1〜6-4に示すように、「平凡な人生でよい」に対する肯定的回答は、男子も半数を占めたが、女子では7割近くにのぼった。「社会的・経済的に地位が高い人になりたい」は、男子のほうがはっきり肯定する回答の割合が大きかった。「人に流されず、自分らしく生きている実感がある」は、男女とも肯定的な回答が否定的な回答より大きな割合となり、「将来は、海外で活躍する人になりたい」は、男女とも否定的な回答が5〜6割を占めた。

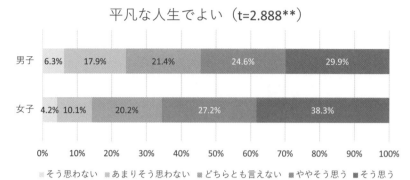

図6-1　将来、人生についての意識（**p<.01）

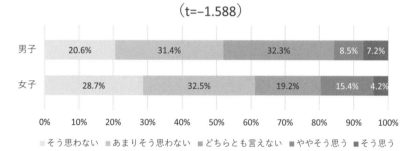

図6-2　将来、人生についての意識

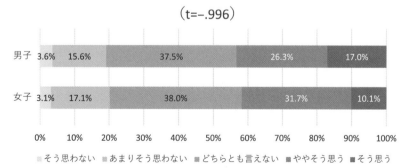

図6-3　将来、人生についての意識

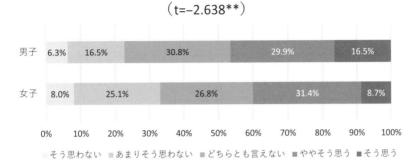

社会的・経済的に地位が高い人になりたい
（t=−2.638＊＊）

男子	6.3%	16.5%	30.8%	29.9%	16.5%
女子	8.0%	25.1%	26.8%	31.4%	8.7%

0%　10%　20%　30%　40%　50%　60%　70%　80%　90%　100%

■そう思わない　■あまりそう思わない　■どちらとも言えない　■ややそう思う　■そう思う

図6-4　将来、人生についての意識 (＊＊p<.01)

■ 地元に満足

　以上のように、生徒たちは男女とも、地元に満足しており、大学進学等のため一度は都会に出たとしても、いずれは島根に戻ってくることを考えている。性別による違いに注目すれば、女子のほうが男子よりも都会に出て行くことに対してポジティブなイメージを抱いていることも示されたが（一方で男子は、社会的・経済的な地位獲得に向けた競争のため都会に出て行かなければらないと思っている可能性も見られた）、その一方で、女子は男子よりも、親との距離が近かったり、都会で一人で暮らしていくことに自信がなかったり、地元により強く引き止められているようにもうかがえた。

■ 親からの影響

　生徒たちにおける、地元地域に貢献したいとか、地元地域を誇りに思うといった意識の高さは、昨今県内の学校でさかんになっている、地域学習やふるさと教育の効果が現れているのかもしれない。が、そうした気持ちと、実際に地元に定住するか、あるいはそこから出て移住するか

という選択は、また別の問題である。そして、定住・移住の選択は、将来親とどう付き合い、どういう関係を築くのかといった家族問題にも深く関わっているため、家族、とりわけ親の影響も強く受けていると考えられる。

　今回のアンケート調査では保護者（親）の回答も得ているので、ここからは親の意識と子ども（生徒）の定住・移住志向との関係を見ていきたい[2]。

　親用の調査票には、子育てする中で回答者（親）がどのようなことに力を入れてきたかを問う質問項目がある。これらは、親の家族実践について問うもので、「島根の海や山などの大自然を親子で楽しむ」や「子どもが外国への関心を高めるよう導く」など5項目あり、それぞれについて「積極的にしてきた」に4点、「わりとしてきた」に3点、「あまりしてこなかった」に2点、「全然してこなかった」に1点を配点し、それぞれについて子の性別による平均得点を比較した。その結果が表1である。

表1　親が「子育てする中で力を入れてきたこと」の平均得点（生徒の性別比較）

(*p<.05)

	生徒性別		
	女子（n=283）	男子（n=223）	t 値
島根の海や山などの大自然を親子で楽しむ	2.70	2.76	-0.89
子どもが外国への関心を高めるよう導く	2.20	2.10	1.44
子どもの悩みの相談に乗り、助言する	3.13	2.97	2.58*
家庭の経済状況について親子で話をする	2.77	2.72	0.76
子どもの部活動を重要視する	3.22	3.26	-0.68

　生徒の性別で統計学的に有意な差が見られたのは「子どもの悩みの相談に乗り、助言する」のみで、女子のほうが平均は高い。これは先の図4-3で見た生徒の回答で、女子のほうが「大事なことは、親に相談するようにしている」に対し肯定的であったこととも矛盾しない。

ほかに特徴的なのは、5項目を比較すると「子どもの部活動を重要視する」の平均が、生徒が男子であれ女子であれ、より高い点である。子が部活に打ち込むことはよいことであり親も協力し支援すべきだという考えが、多くの親に取り入れられてきたことがうかがえる。これも、「広い世界を学ばせる」家族実践の一環として行なわれることかもしれない。

　次いで、親が思う「わが子の将来の幸せにとって重要なこと」を問うた10項目についての回答を見てみよう。それぞれ回答は、「とても重要」から「まったく重要でない」までの5つの選択肢から得ており、「とても重要」に5点、「やや重要」に4点、「どちらとも言えない」に3点、「あまり重要でない」に2点、「まったく重要でない」に1点を配点し、生徒の性別でその平均を比較した。結果は表2の通りである。

表2　親が思う「わが子の将来の幸せにとって重要なこと」の平均得点
　　　（生徒の性別比較）(**p<.01)

	女子	男子	t 値
就職活動のために、資格や免許を取っておくこと	4.40	4.22	2.60**
都会の有名な大学に入ること	2.51	2.66	-1.82
公務員や大企業など、収入や地位が安定した仕事に就くこと	3.34	3.50	-1.96
親（あなた）と一緒に、または近所で暮らすこと	2.69	2.64	0.56
地元定住にこだわらず、もっと広い世界に出てがんばること	3.57	3.56	0.15
たとえ収入が不安定になっても、自分のしたいことや夢を追求すること	3.12	3.17	-0.66
進学や就職で一度は県外に出たとしても、いずれはふるさとに戻ってくること	2.94	2.84	1.16
さまざまな価値や文化と接し、視野を広げること	4.43	4.37	0.99
都会で大成し、一角の人物になること	2.11	2.31	-2.65**
ふるさとに誇りをもって住み続けること	3.05	3.09	-0.43

　生徒の性別を問わず平均が相対的に高かったのは、「就職活動のため

に、資格や免許を取っておくこと」と「さまざまな価値や文化と接し、視野を広げること」であった。わが子には広い世界を学ばせたいという親の思いは、ここにおいても認められた。それと同時に際立った、就職に役立つ資格や免許を取らせたいという親の思いは、広い世界を知ると言ってもそれは、止め処ない冒険を求めているのではなく、就職（安定した職業に就く）という目標に到達するための手段であることを示唆する。

　生徒の性別で有意な差が認められたのは、「就職活動のために、資格や免許を取っておくこと」と「都会で大成し、一角の人物になること」のみであった。前者は女子において、後者は男子において、平均がより高くなっている。女子には安定を、男子には立身出世を期待するという傾向がうかがえる。

　「わが子の将来の幸せにとって重要なこと」についてのこれら10項目（10変数）を整理して見るために、因子分析を行なった。因子分析とは、多数の変数の中から似たようなものを統計的にまとめるときに用いられる手法である。この、まとめて作られた新たな変数を、因子と呼ぶ。

　その結果は表3の通りである。表3の見方であるが、各因子と元の変数の関係の強さを数字で示している（これを因子負荷量という）。因子には、それらの関係する変数（太字で示している）を見て、名前を付けている。ここでは、ふるさとに戻ってくることや住み続けることについての項目との関連が強い第1因子には「故郷で暮らす」、都会で立身することについての項目との関連が強い第2因子には「都会で頑張る」、視野を広げることや自己実現を目指すことについての項目との関連が強い第3因子には「広い世界で」、資格取得や安定収入についての項目との関連が強い第4因子には「安定した職」と名付けた。

表3　親が思う「わが子の将来の幸せにとって重要なこと」（価値観）の
　　　因子分析結果（因子負荷量）(主因子法、バリマックス回転)

	故郷で暮らす	都会で頑張る	広い世界で	安定した職
進学や就職で一度は県外に出たとしても、いずれはふるさとに戻ってくること	**0.89**	0.03	-0.11	0.11
ふるさとに誇りをもって住み続けること	**0.78**	-0.02	0.04	0.07
親（あなた）と一緒に、または近所で暮らすこと	**0.71**	0.15	-0.24	0.17
都会の有名な大学に入ること	-0.13	**0.70**	0.03	0.18
都会で大成し、一角の人物になること	0.20	**0.69**	0.07	-0.01
地元定住にこだわらず、もっと広い世界に出てがんばること	-0.32	0.25	**0.61**	-0.06
さまざまな価値や文化と接し、視野を広げること	0.02	-0.09	**0.60**	0.14
たとえ収入が不安定になっても、自分のしたいことや夢を追求すること	-0.07	0.05	**0.32**	-0.31
就職活動のために、資格や免許を取っておくこと	0.13	0.10	0.17	**0.58**
公務員や大企業など、収入や地位が安定した仕事に就くこと	0.12	0.49	-0.13	**0.56**

　そして表4は、親が思う「わが子の将来の幸せにとって重要なこと」に関する、これらの4因子と、親が「子育てする中で力を入れてきたこと」についての5項目との関係（相関係数）を示したものである。相関係数は、正であれ負であれ、値が大きければ強い関係があることを示す。マイナス1からプラス1までの値を取り、無関係のときはゼロとなる。値が負であることは、一方が増えれば他方が減少するという関係を示す。

　「故郷で暮らす」因子と統計学的に有意な関係が認められたのは、「大自然を親子で楽しむ」「部活動を重要視する」で、それぞれ正の相関がある。つまり、「大自然を親子で楽しむ」の得点が高いほど（回答が肯定的であるほど）、「故郷で暮らす」因子の得点が高い。また、「部活動を重要視する」の得点が高いほど（回答が肯定的であるほど）、「故郷で

暮らす」因子の得点が高い。そして、表3で見たように、「故郷で暮らす」因子は、「進学や就職で一度は県外に出たとしても、いずれはふるさとに戻ってくること」「ふるさとに誇りをもって住み続けること」「親と一緒に、または近所で暮らすこと」といった変数とより強い関係があった。つまり、「故郷で暮らす」因子が高いのは、これらの問いで肯定的な回答をしている親ということである。

　「都会で頑張る」因子は、「外国への関心を高めるよう導く」との間で正の相関が有意と認められた。「広い世界で」因子は、親の子育て実践についての5項目すべてとの間で、正の相関が有意であった。つまり、「広い世界で」因子は、「故郷で暮らす」因子との関係があった子育て実践とも、「都会で頑張る」因子と関係があった子育て実践とも、有意な相関がある。一方、「安定した職」因子は、「外国への関心を高めるよう導く」との間で負の相関（つまり、「外国への関心を高めるよう導く」で否定的な回答であるほど、「安定した職」因子の得点が高い。あるいは、「外国への関心を高めるよう導く」で肯定的な回答であるほど、「安定した職」因子の得点が低い。）、「相談に乗り、助言する」「家庭の経済状況について親子で話をする」との間で正の相関が有意であった。

表4　親の価値観因子と具体的な子育て実践5項目の相関係数

(*p<0.5　**p<0.01)

	故郷で暮らす	都会で頑張る	広い世界で	安定した職
島根の海や山などの大自然を親子で楽しむ	.09*	.02	.13**	.00
子どもが外国への関心を高めるよう導く	-.05	.16**	.37**	-.09*
子どもの悩みの相談に乗り、助言する	.01	.02	.20**	.10*
家庭の経済状況について親子で話をする	.02	.05	.10*	.09*
子どもの部活動を重要視する	.14**	.00	.16**	.07

　今度は、子（生徒）に地元に対する思いや都会に対する思いについて問うた5項目について見てみる。これらは、「そう思う」から「そう思

わない」の5点尺度で測定していたが、肯定するほど高得点になるよう、値には5点から1点までを割り当てた。これらで因子分析を行なった結果、表5のような結果になった。2因子が抽出され、「自分のふるさとに誇りをもっている」「自分が育った地域のために、何か役立つことをしたい」と強い関連を示す第1因子を「ふるさと志向」、「自分の人生の可能性を広げるために、一度は都会で暮らしたほうがよい」「高校卒業後、一度は都会で暮らすことになるだろう」「都会には、あまり魅力を感じない（因子負荷量の符号はマイナスなので、「魅力を感じないことはない（＝感じる）」と、逆の意味をとる）」と強い関連を示す第2因子を「都会志向」と名付けておく。

表5　子（生徒）の地元定住、都会への移動に関する項目の因子分析
　　　　（因子負荷量）（主因子法、バリマックス回転）

	ふるさと志向	都会志向
自分のふるさとに誇りをもっている	**0.79**	-0.02
自分が育った地域のために、何か役に立つことをしたい	**0.76**	-0.17
自分の人生の可能性を広げるために、一度は都会で暮らしたほうがよい	0.05	**0.71**
高校卒業後、少なくとも一度は都会で暮らすことになるだろう	-0.11	**0.64**
都会には、あまり魅力を感じない	0.19	**-0.53**

　子の「ふるさと志向」「都会志向」に、親の家族実践（ここでは、価値観と子育て実践から捉える）はどのように関与しているだろうか。ここでは、とくに、定住・移住と関係する可能性が高いと考えられる「島根の大自然を楽しむ」と「外国への関心を高めるよう導く」を取り上げてみる。その際、子の性別による違いが表れることを想定し、子の性別ごとに共分散構造分析を行なう。その結果に基づき、パス図を描いたのが図7と図8である。

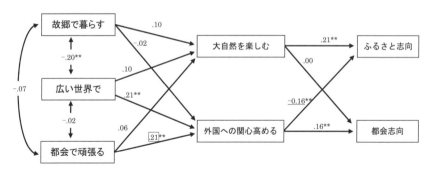

図7　パス図（生徒の性別＝女子）n=287　(*p<0.5 **p<0.01)（数値は標準化係数）

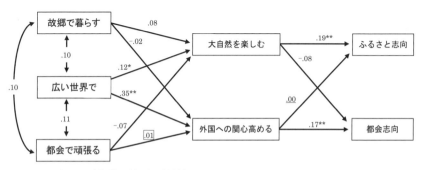

図8　パス図（生徒の性別＝男性）n=225　(*p<0.5 **p<0.01)（数値は標準化係数）

　図7、図8のパス（矢印）に書かれた数値は、矢印の始点のある変数から矢印の終点のある変数への影響の強さを表す。相関係数と同様に、マイナスの符合がついている場合は、一方の変数で肯定的な回答であるほど、他方の変数で否定的な回答になるという関係がある。たとえば、女子のパス図では、親が外国への関心を高めることに力を入れて子育てしてきたと答えるほど、かれらの子（女子生徒）は、ふるさと志向ではなくなる。

　標準化係数が四角で囲まれていたりアンダーラインが引かれていたりするものがあるが、これらは男子生徒・女子生徒の間での係数の違いが統計学的に有意である、つまり非常に高い確率で差があると言えることを示す。

生徒の性別による差が有意だった点として、まず、「都会で頑張る」ことが子どもの幸せだという親の価値観から、「外国への関心高める」という子育て実践へのパスの係数がある。これらの２つの変数間の関係は、女子では有意であるが（親が「都会で頑張る」を肯定するほど、親は「外国への関心高める」という子育て実践に積極的である）、男子ではほとんど関係が見られなかった。

　親の「外国への関心高める」という子育て実践から子の「ふるさと志向」へのパスの係数についても、男子生徒・女子生徒の間の差が有意であることが示された。女子においては、係数の符号がマイナス、つまり、親が「外国への関心高める」という子育て実践に積極的であるほど、子の「ふるさと志向」が低下するという関係が有意であるが、男子では２つの変数間にそういった関係は見られない。

　親の子育て実践から子のふるさと志向・都会志向への関係を見ると、「大自然を楽しむ」という親の子育て実践は子の「ふるさと志向」に、「外国への関心高める」という親の子育て実践は子の「都会志向」に関係している。このことは、子の性別にかかわらず言える。また、親の「外国への関心高める」子育て実践については、子の幸せにとって「広い世界で」頑張ることが重要だという価値観に由来することが示されている。親が「広い世界で」を重視した場合は、「外国への関心高める」子育て実践が積極的になされ、その結果、子が都会に目を向けていくということである。

　また、男子の場合、「大自然を楽しむ」という親の子育て実践も「広い世界で」という価値観に由来している。親が「広い世界で」という価値観からどのような子育て実践に積極的になるかによって、男子はふるさと志向になったり、都会志向になったりするということがうかがえる。

■ 娘が都会志向になる場合

　表2で見たように、親が子の将来の幸せのために重視することは、ほとんどの項目で子の性別によって変わることはなかったが、「都会で大成し、一角の人物になること」は、女子よりも男子に向けて重視されていた。つまり、親は、都会に出て「立身出世」することを女子よりも男子に望んでいる。

　社会的地位を高くするチャンスは都会に集まっているため、立身出世は都会に出ることを意味する。男子には女子以上に、都会に出ることが当然視される傾向があることをふまえておきたい。

　図7と図8では、子の性別にかかわらず、子のふるさと志向・都会志向が、親が日頃から行なっている家族実践と関係しているということが見出された。親が島根の大自然を親子で楽しむという子育て実践を積極的に行なっていると、子は地元を重視するようになる。一方、親が外国への関心を高めるという子育て実践に熱心であると、子は都会に出ることを考える。

　ただし、全体的に都会に出ることは息子に対してより強く望まれているため、娘が都会志向になるのは、息子以上に親から強い働きかけがある場合だろう（反対に、娘がふるさと志向になるためには、親は、息子に対するほどには地元の自然の素晴らしさを体験させるといった子育て実践に積極的にならなくても済むのかもしれない）。

　図7から示唆されるのは、娘がふるさと志向でなく都会志向になるためには、親は、都会で頑張ることが娘の幸せにつながるという価値観をより強くもったうえで、外国への関心を高めるよう導くような子育て実践に、より積極的にならなければならないということである。そしてそれは、親が「広い世界を学ばせる」ことをより重視することとも関係する。

■ 息子に「広い世界を学ばせる」ことの両義性

　一方、息子の場合では、親の「子には広い世界を学んでほしい」価値観からは、子の都会志向に影響する子育て実践だけでなく、子のふるさと志向に影響する子育て実践も生じていた。実際、今回の分析で「広い世界を学ばせたい」因子に強く関係していた変数は、「地元定住にこだわらず、もっと広い世界に出てがんばること」「さまざまな価値や文化と接し、視野を広げること」「たとえ収入が不安定になっても、自分のしたいことや夢を追求すること」であった。立身出世が重要だからそのために視野を広げておかないといけないという立場と、立身出世よりも夢へのチャレンジという冒険が大事だという立場の両方が含まれている。つまり、男子の親が「広い世界を学ばせたい」と言うとき、そこには両義性があるということである。

　社会経済的地位の安定を目指す立身出世と、そうした地位にこだわらない夢の追求——男子には前者のほうが強く望まれる傾向があるが、後者のような道も、親は「広い世界を学ばせたい」という価値観を変えずに男子に用意できるのかもしれない。つまり、「広い世界を学ぶ」は、「男らしさ」とほとんど同義、あるいは互いに重なり合う価値観であるのかもしれない。

■ 親が「親」をすることと子どもの移住・定住意識の関係

　以上のことが、今回の分析から見えてきたことである。もちろん、言うまでもなく、親たちが行なっている家族実践は、ここで取り上げた項目だけに限らない。大自然を楽しむことや外国に関心を持たせることというのは、かれらの家族実践（子育て実践）のうちのほんの些細な部分にすぎない。そうしたことを押さえたうえで確認しておきたいのは、日常的に親が「家族（親）だから行なっていること、家族（親）になるた

めに行なっていること」が、子のふるさと志向や都会志向に影響しているということが示された点である。このことから、ここで取り上げた子育て実践・家族実践をも含む、さまざまな実践が、繰り返され積み重なりながら——もちろん、家族外部からの刺激・働きかけも受けながら——子どもたちは県外に出て行く、あるいは県内に残るという人生を考えるようになっていくということ、また、親の影響については子のジェンダーも関係するということが、仮説として提示できるだろう。地方の若年層人口移動を考える切り口として、親が行なっていることについてさらに詳細に検討していくことの意義を確認できたと言ってよいだろう。

1）アンケート調査票は、無記名で回答するようになっており、配布・回収は対象校にお願いした。調査票はA3用紙1枚で、左半分は生徒用、右半分は保護者用となっている。真ん中に切り取り線があり、切り離せば、生徒と保護者が互いの回答を見られることなく自分の回答を書き込める。ただし、回収の際は、生徒と保護者の回答がバラバラにならないよう、1つの封筒に入れて提出してもらった。

2）ここからの内容は、以下の文献から再掲したものである（一部改変）。片岡佳美・吹野卓，2020，「高校生の地元・都会に対する意識と親の家族実践—島根県の親子ペアデータの分析から—」，『山陰研究』13，87-96。

山間部の高校生と地元定住（その１）
―アンケート調査の結果から―

■ 山間部の高校生

　第3章、そして次の第4章では、島根県の郡部、A町にある県立X高校の生徒を対象に行なった、自由記述を含むアンケート調査、およびインタビュー調査の結果から、それらの生徒たちが地元に定住することや都会に出て行くことをどのように考えているのかについて分析する。第1章、第2章では、島根県内でも松江市など市部の、大学進学率のより高い進学校の生徒やその親を対象としてきたが、ここでは山間部の高校に通う生徒に焦点を当てることで、条件不利地域に見られるローカル・トラックの特徴を明らかにすることを目的とする。

　この第3章では、アンケート調査の分析結果を取り上げ、議論していく[1]。

　A町は、中国山地の山間に位置する町である。面積の大部分を林野が占め、人口密度は24人/km²ほどである。県内の他の中山間地域と同様、A町も人口減少・高齢化が進んでおり、住民の生活をどのように支えていくかが課題となっている。交通の便に関しては、鉄道はなく、公共交通機関としては一日数本、数路線のバスしかない。

　このA町に、県立X高校がある。町にとって唯一の高校である、この高校の存在は、A町住民にとって非常に重要とされている。町内の中学校を卒業した生徒たちがX高校に進学することで引き続き町内にいること、また、町外からの生徒がX高校に入学しA町で暮らすことで、A町

の賑わいや活気が維持されると感じられているためである。A町の存続とX高校の存続は連動しているかのように、住民はX高校に大きな関心をもっている。

　しかし、問題は高校卒業後である。かつて家制度のもとでは、長男は跡継ぎとして家に残り、家と農地を継承した。しかし戦後、学歴大衆化が進むにつれ、地方農村部においても、経済力と学力があれば長男であっても進学のため都会に出て行くという地域が現れ出した[2]。今日では、進学を機とする都会への移動は、普通のこととなっている。A町のような山間の地域では、A町に比べると進学先も就職先もある松江市や出雲市など以上に、高校卒業後に地元を離れることは当然のこととして考えられているだろう。A町には、条件不利地域特有のローカル・トラックが存在すると考えられる。

　A町やその周辺で暮らしてきたX高校の生徒たちは、高校卒業後あるいはもっと先の自分自身がどこでどう暮らしていると考えているのだろうか。かれらが抱く将来の暮らしのイメージに注目することで、「地方」と呼ばれる地域の中でも、とくにその最深部に暮らす高校生の視点から地元や都会がどう見えるのかについて考察することを目的とする。

■ アンケート調査の概要

　アンケート調査は、2021年10月、X高校の全校生徒を対象に行なった[3]。X高校には寄宿舎があり、町内だけでなく近隣の市町村からも生徒が集まるが、近年では県外からの生徒の入学もある（島根県の高校では全国に先駆けて県外からの生徒募集活動を行なってきている）。

　アンケート調査の回収票数は244件であった。1年生からは89件、2年生からは92件、3年生からは63件の回答があった。普通科は156件、専門学科は87件（うち1件は無回答）であった。

　回答者の出身市町村（中学生のときに住んでいた市町村）は、A町が

126件、近隣市町村が58件、その他58件（うち２件は無回答）であった。近隣市町村の内訳は、島根県が４市町村、広島県が３市町村である。一応市部も含まれているが、市に合併された旧町名をあえて記述している回答も一定数あり、多くはA町同様の山間部の出身者と見なすことができるだろう。以下の分析では、A町とその近隣市町村出身の計184件のみを用いることとする。

　調査票は、以下の質問からなる。

・性別、学年、学科を問う質問。

・中学生のときに住んでいた市町村を問う質問。

・10年後、20年後、および50年後、A町やその周辺で暮らしていると思うかについてそれぞれ問う質問。回答選択肢は、「暮らしていると思う」「暮らしていないと思う」。

・親は自分（回答者）に対してA町やその周辺に住み続けてほしいと思っていると思うかについての質問。回答選択肢は、「そう思う」「ややそう思う」「どちらとも言えない」「あまりそう思わない」「そう思わない」（５点尺度）。

・人生の可能性を広げるため一度は都会に出たほうがいいと思うかについて選択肢を設けて問う質問。回答選択肢は、上記と同様の５点尺度。

・高校卒業後、都会に移住せずA町やその周辺で暮らしていくことについてどう思うか自由記述方式で尋ねる質問。

■ 将来どこで暮らしていると思うか

　まず、10年後／20年後／50年後にA町やその周辺で暮らしていると思うかについて、回答結果を見てみよう。

　図９は、10年後、20年後、50年後のそれぞれについて、A町やその周辺で「暮らしていると思う」「暮らしていないと思う」の回答件数を表

したものである。それぞれの円の中の数字は、10年後暮らしていると思う／20年後暮らしていると思う／50年後暮らしていると思うと回答した人数と割合を示し、円が重なっているところは２つの時期、あるいは３つの時期いずれにも「暮らしていると思う」と回答した人数と割合を示している。たとえば、10年後には暮らしているが20年後や50年後には暮らしていないと思うという回答が11人いた、また、いずれの時期も暮らしていると思うという回答が35人いたということである。そして、円の外にある数字は、いずれの時期にも暮らしていないと思うと回答した人数と割合である。

　今回の調査結果によれば、いずれの時期でも「暮らしていると思う」という回答は35人（19.4％）であったのに対し、いずれの時期にも「暮らしていないと思う」という回答は74人（41.1％）であった。また、10年後と20年後には「暮らしていないと思う」が50年後には「暮らしていると思う」という回答が４分の１を占めていた。これは、ここで暮らしたいと思っていたとしてもそれは漠然とした遠い将来の話である、ということを示しているのかもしれない。

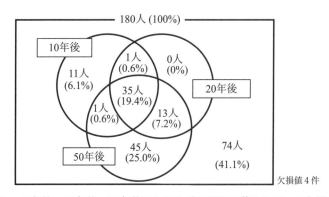

**図９　10年後、20年後、50年後にＡ町やその周辺で暮らしていると思うか
（円の中が「暮らしていると思う」件数）**

　将来、Ａ町やその周辺に暮らしていると思うという回答と、性別およ

び所属学科との関係を示したのが、図10と図11である。

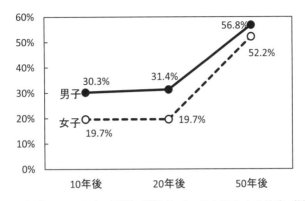

図10 将来、A町やその周辺で暮らしていると思う人の比率（性別）

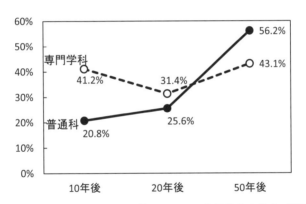

図11 将来、A町やその周辺で暮らしていると思う人の比率（学科別）

　図10では、いずれの時期についても、一見男子のほうが女子よりも割合が大きいようにうかがえるが、統計学的に有意な差は認められなかった。男女とも、10年後・20年後よりも50年後で「暮らしていると思う」が多くなる。

　図11では、10年後についての回答で、普通科と専門学科の間に有意な差が見られた（$\chi^2 = 7.83$, $p < .01$）。すなわち、専門学科の生徒は、普通科の生徒よりも、10年後もA町やその周辺に暮らしていると思ってい

る。また、専門学科の生徒においては50年後だけが高くなるという傾向
も見られず、有意ではないが50年後に「暮らしていると思う」という比
率は普通科よりも低い。これは、専門学科の生徒の方がより地元志向が
強いというわけではなく、職業選択等に伴う自己の将来像をより具体的
に持っていることを示しているのではないだろうか。

■ 親の影響

　将来地元に暮らしているかどうかと、親は自分（回答者）にA町やそ
の周辺に住み続けてほしいと思っていると思うかを尋ねた結果との関係
を見てみよう。回答は、「そう思う」「ややそう思う」「どちらとも言えない」
「あまりそう思わない」「そう思わない」の5点尺度で、肯定的回答ほど
高得点となるよう回答に1～5点を配点した。

　表6は、10年後／20年後／50年後にA町やその周辺に「暮らしている
と思う」「暮らしていないと思う」別に、この得点の平均を比較した結
果である。相関比 η は、2つの変数間の関係の強さを表している。表6
からは、10年後／20年後／50年後のいずれについても、統計学的に有意
な関係があることが分かる。親の期待の認知は、自分の10年後／20年後
／50年後の予測と明らかな関係をもっている。

表6　親の期待の認知と、自分が思う将来の居住地との関係

	10年後		20年後		50年後	
A町や周辺に暮らしている／いない	いる	いない	いる	いない	いる	いない
「両親は住み続けてほしいと思っているか」の平均値	3.54	2.83	3.61	2.78	3.36	2.62
n	48	133	49	131	95	86
η	.289**		.343**		.343**	

**p<.01

■ 自由回答の分類

　ここからは、高校卒業後、都会に移住せずＡ町やその周辺で暮らして
いくことについてどう思うか、よい点、悪い点について自由に書くよう
求めた自由記述欄での回答について見ていく。なお自由記述を用いた分
析の対象は、Ａ町とその近隣市町村出身の計184件中、記入のあった141
件とする。

　自由記述での文字数は、句読点などを含めて平均47.0文字、最大231
文字、最小は３文字であった。ちなみに最小の３文字とは「不便。」の
一言であった。

　以下は、回答の例である。

例１

　治安が悪くなく、自然をメインとしている町なので自然が好きだった
り、年をとってゆっくりしたいときに帰ってくる場としては向いている
と思う。しかし若者にとって店が少なかったり山のアップダウンや近代
化が少し遅れていることから、若いときは外に出たいと思ってしまう。

例２

　私は、Ａ町やその周辺で暮らすと、両親も安心でき、町づくりに協力
できると思います。しかし、１度は故郷から離れることも大切だと考え
ているので、卒業後は、１度外に出ると思います。また、よい点は、自
分も両親も安心できるところです。悪い点は、外の世界を知らないまま
になってしまうことがあげられると思います。

例３

　１回は、都会に行って暮らしてみた方が良いと思います。この地域の
良い所は、すれちがう人にあいさつをするところで、悪い点は、遠くに

行くまで、時間がかかる。

　このように、「自然」「店が少ない」「両親」「町づくりに協力」「安心」「一度は都会に」「あいさつをする」など、それぞれの回答者はそれぞれの表現、言葉を用いて考えを述べている。これらを俯瞰し全体的な傾向を掴むために、自由記述を読んで、その内容についてタグを付与した。むろん筆者らの恣意的な読みによるものであるが、考察を深めていくための足場としての位置づけとして理解していただきたい。

　たとえば、上記の例1は、「治安がよく、ゆっくりできる」と「店が少なかったり」という言及があるので【穏やかな暮らし】と【不便】の2つのタグを付与した。

　例2は、「両親が安心」と述べている点で【家族】、「町づくりに協力」と述べている点で【地域貢献】、「1度は故郷から離れることも大切……外の世界を知らないままになってしまう」と述べている点で【広い世界を知る】の3つのタグを付与した。

　例3は、「都会に行って暮らしてみた方が良い」ので【広い世界を知る】、「良い所は、すれちがう人にあいさつ」で【人との絆】、「遠くに行くまで、時間がかかる」で【不便】の3つのタグを付与、といったようにである。このように、1件の回答に複数のタグが付与されるケースは多い。

　このようにして12種類のタグを付与した。表7に、どのような言及に各タグを付与したかを示しておく。なお、いずれのタグも付与されなかったものが13件あったが、それらの多くは「いいと思います」といった、ごく短い回答のものである。

表7　付与したタグと、自由回答欄で言及されている内容

タグ	言及されている内容
不便	買い物、交通、遊びなどの不便さに言及しているもの
過疎高齢化	過疎高齢化に関連し、「若い人との出会いが少ない」なども含む
職が無い	地元では就職先が少ないことに言及しているもの
物価低い	物価、不動産価格などの安さに言及しているもの
地域貢献	地域活性化、伝統や地域文化を知ることなどに言及しているもの
住み慣れ	住み慣れていること、地理をよく知っていることなどに言及しているもの
人との絆	人情、人の温かさ、知人との繋がりなどに言及しているもの
家族	親など家族に言及しているもの
穏やかな暮らし	ゆっくり、静か、安全などに言及。老人や子どもの住みやすさも含む
自然	自然、空気のきれいさなどに言及しているもの
進路上必要	進学ややりたい仕事のために外へ出て行く必要について言及しているもの
広い世界を知る	都市での経験の大切さなどについて言及しているもの

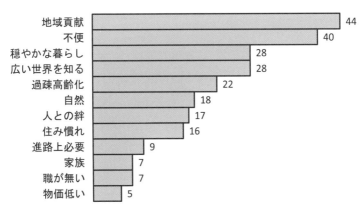

図12　付与されたタグの出現頻度

　各タグの出現頻度を見たものが図12である。最も多いのは【地域貢献】で、141件中44件となった。次いで【不便】が40件、【穏やかな暮らし】【広い世界を知る】がそれぞれ28件と続く。ここで、地域貢献に関する言及が多かったことは、注視しておくべきであろう。

■ 将来の居住地についての回答と自由回答との関係

　表8は、出現頻度が10件以上あったタグについて、そのタグの付与と、10年後／20年後／50年後にA町周辺地域に暮らしていると思うかについての回答との関係を、クラマー係数で示したものである。

表8　各タグが付与された回答と、自分が思う将来の居住地についての回答との関係（クラマー係数）

		不便	過疎高齢化	地域貢献	住み慣れ	人との絆	穏やかな暮らし	自然	広い世界を知る
将来、周辺に暮らしていると思うか	10年後	.141	.205*	.013	.118	.060	.211*	.165	.103
	20年後	.158	.151	.069	.131	.049	.118	.109	.050
	50年後	.195*	.064	.023	.003	.043	.029	.107	.043

*p<.05

※下線は、そのタグが付与されたものほど、該当年後にこの地域に暮らしていると思っていることを表す。下線が無い数字は、逆に暮らしていないと思っていることを表す。

　表8の下にも注記したように、表中の数値に下線がない場合は、そのタグが付与されたケースであるほど将来A町やその周辺に暮らしていないと思っているという関係がある。たとえば、【穏やかな暮らし】のタグを付与された回答者が「10年後には住んでいないと思う」と回答している。これは、【穏やかな暮らし】は地元に対するプラス評価として語られていることを考えれば奇異な感もある。

　しかし、大切なことはむしろ、地元や都会についての語りと定住志向という2つの変数がほとんど関係していないということにあるのではないだろうか。これはもちろん設問の立て方にも問題があるのだが、うがった見方をすれば実は高校生にとって10年あるいはそれ以上の将来像は、「ふつう、そうだろうな」程度の話なのかもしれないのである。そして、その「ふつう」は、具体的な「不便だ」といった理由よりも、たとえば表6で見た親の期待の認知など、すなわちその生活世界の中で維持され

ている「ふつう」とより深く関連しているのではないだろうか。

いずれにせよ、住み続けることや出て行くことに対する言語化された
レベルでの評価は、自己の将来予測と必ずしも密接な関係を持たないと
思われる。では、その言語化はどのような形でなされるのか、すなわち、
いかなるレベルで「住み続けること」と「出て行くこと」が対比されて
いるのかについて見ていこう。

■ 価値としての語り

ここで、12のタグそれぞれがどのように共起しているのか、すなわち
同じ回答者が同時に挙げているものはどれかを眺めてみよう。図13は、
KHコーダーという計量テキスト分析のためのソフトウェアで作成した
共起ネットワークである。

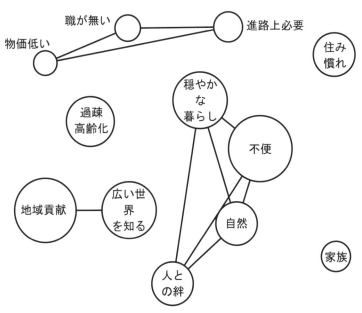

図13　各タグ間の共起ネットワーク

　円の大きさはそのタグの出現件数の多さを示し、円と円を結ぶ線は共起を示す。

　図13では、【広い世界を知る】と【地域貢献】の共起が確認できる。これらは、「幅広い経験を積むべき」とか「地域活性化が重要」などといったように、いずれも「価値」に関わるものである。すなわち、回答者が価値レベルで回答しようとしたとき、これら2つが対比項目として想起されていると理解できよう。

　一方、【不便】、【穏やかな暮らし】、【自然】、【人との絆】も共起しているが、それは、いわゆる「田舎」の暮らしにくさと、良さとして常識レベルとして語られる項目が対比として想起されるからと考えられるのではなかろうか。

　また、【物価低い】、【職が無い】、【進路上必要】も出現件数は少ないものの共起している。これは、実利的なレベルでの対比ととらえることができるかもしれない。

　自由記述欄への回答という限られたスペースで語られたことであるので、回答者である高校生はこれらの対比次元の一部を選択して記述したと考えることもできるだろう。そうであるならば、個々の回答を超えた全体から見えることとして、条件不利地域の高校生たちは、価値レベル、常識レベル、実利レベルなどの複数の次元で「内」と「外」を認識しているということが指摘できるのではないか。かれらにとって常識レベル、実利レベルだけでなく価値レベルでの認識も言語化されやすい、ひいては意識化されやすい次元であることがうかがえる点は興味深い。

　この価値レベルでの言語化について、さらに分析を進めよう。実は、価値のレベルでの回答が将来についてのイメージと関係していないことが、「『人生の可能性を広げるため、一度は都会に出たほうがいい』と思いますか」という問いへの回答（「そう思う」が5点、「ややそう思う」が4点、「どちらとも言えない」が3点、「あまりそう思わない」が2点、「そう思わない」が1点）と、将来A町やその周辺で暮らしているかの問い

への回答との関係を見たときに認められる。

表9　一度は都会に出たほうがいいかについての回答と、
自分が思う将来の居住地についての回答との関係

	10年後		20年後		50年後	
A町や周辺に暮らしている／いない	いる	いない	いる	いない	いる	いない
「可能性を広げるため、一度は都会に出たほうがいい」の平均	4.15	4.36	4.20	4.34	4.36	4.24
n	48	133	49	131	95	86
η	.106		.066		.064	

全て統計学的に有意な差なし。

　表9に見るように、一度は都会に出たほうがよいという価値は自己の将来像と関係していないのである。もちろん、そのような価値は無意味だと言っているのではない。高校生という段階では、必ずしも自己の将来像と結びついていないことを指摘しているのであり、実際の選択の瞬間にそれが自己の選択を意味づける大きな力を持つ可能性も大いにあるだろう。

　そうであるなら、同様に、価値としての【地域貢献】についても、「それがよいこととされている」という認知を高校生が持っているということに過ぎないのではないだろうか。もしそうならばそれは、フリーターがフリーターである理由を語る際に「やりたいことが見つかるまで」といった定型的な言葉でしか語られないという事実こそ、「仕事」や「働く」に関する新たな言葉が今求められていることを物語っていると指摘した久木元真吾の議論[4]にも通ずるものがあるだろう。「地域貢献」という語りは、地元に残ることがよいことになるための言葉がそれ以外にないということを示しているのかもしれない。そして、これがプラスの価値であることから、地元に残ることの正当化として自分自身に使用することもできるとも言えよう。

　なお、当該地域は過疎高齢化が顕著であり、「若者が残ること」がそ

のまま地域貢献とされている。したがって、自由回答においても積極的に地域で活動するという記述はなく、「人口が減少しているＡ町に住むことで地域のためになるならいいなと思う。」といった形で「地域貢献」がイメージされているようである。このように、過疎化を自明な前提とした地域貢献であるためにあえて過疎化には言及されなかった結果、図５において【過疎化】と【地域貢献】の共起数がさして多くなかったと理解される。

　さて、地元に残ること自体が地域貢献であるとう意味で、過疎化と地域貢献は結びつきをもっている。その一方で、「何十年後もこの地域に住んでいたら、過疎化が進んで、生活するのが厳しくなると思います。」といったように、過疎化自体が地元から出ていくこと、すなわち過疎化進行の原因となっていることをうかがわせる記述も相当数存在していた。まとめると、過疎化に関する自由回答欄の記述からは、以下の２つの語りのロジックが読み取れる。

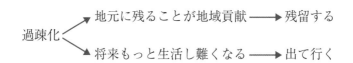

　では、若者はこの２つの間で選択を迫られているかというと、そうではなく、若者にとってはさして重要な問題ではないのかもしれない。というのも、いずれも10年後や20年後にどこで暮らしているかのイメージとは関係していないのであるから。ただし、過疎化が若者の移動に対して相反する２つのロジックをもたらしている点は興味深い。

■ 不便と安心

　自由回答欄の記述に付与したタグのうち、【広い世界を知る】と【進路上必要】は、外の世界である都市部がもつプル要因に関するものであ

る。とはいえ、【進路上必要】のタグを付与したものも、その記述内容の多くは、ここには大学がないからとか、つける仕事の幅が狭いためといったどちらかというと消極的な内容であった。また【広い世界を知る】については「一回は都会に出たほうがいいと思う」といった漠然としたものがほとんどであり、先述したようにそのような価値として語られているに過ぎないと言える。

　すなわち、ここで指摘したいのは、都市に対して憧れや夢が語られていないという事実である。現代の地方の高校生にとって、都市は必ずしも光り輝く魅力を放つ存在とは見なされず、むしろ地元がもつ「不便さ」を持たないという消極的魅力を持つものに過ぎないのかもしれない。とすれば、都会または地元へのプル要因・プッシュ要因といった枠組みはさしたる意味を持たない、ということにもなってくるだろう。いずれにせよ、過疎化が進む山間部の現代の若者にとって「都市」はどのように見えているのかは興味深い問題である。

　一方で、現在生活している地域については、その安心感を語る記述が多々見られた。たとえば「近所の方と仲が良いので相談できてストレスがたまらない」「これといった事件もないし安全だ」「知っている人がいるので地元で働くのが楽しいのではないかなと思います」「落ちついていてゆっくりできる」「良い点は自分が迷子にならないこと」といった記述である。

　都会から見れば同様に「地方」として括られるかもしれないが、地方都市と山間部の集落とでは生活空間の様相がかなり異なっていることを理解しておく必要があるだろう。とくに家と学校を生活の場としている高校生にとって、生活空間はまさに「よく知っている世界」なのである。出会う人びとの大半は「知っている人」であり、路地の一つひとつも「知っている場所」である。たとえば、「バスの運転手が、いつもの高校生が停留所にいないと、走って来ないかとあたりを見回すような世界」である。このような個が見えている世界のもつ安心感について、もっと目を

向け理解する必要があるのではないかと、分析をしながら気づかされた。

　先行研究との関連で言えば、この点については、都会に出て行かず地元に残る層にとっては、地元にいたほうがよく知っている人間関係に支えられながら生活できるというメリットがあるということを指摘する議論[5]や、「地元愛」や「地域の誇り」ではなく「地元つながり」が、地元で生きていくうえで重要であると述べた議論[6]とも重なるが、ここではさらに、地方と呼ばれる地域のなかでも最深部にのみ存在する「小さな世界」の心地よさというものを指摘しておきたい。

　以上のように、山間部の高校生の視点から都市がどう見え、また地元に感じる安心感はいかなるものであるのか、これらをより深く理解することは大切なことではないだろうか。さらなる調査、分析の課題としてここに記しておきたい。

■ アンケート調査から見えてきたこと

　以上、下記のような点を指摘してきた。

① 「広い世界を経験する」、「地域貢献をする」というのは、実は高校生にとっては外部から与えられた価値に過ぎず、自分の10年、20年、50年後といった将来の生活イメージとは必ずしも結びついていないのではないか。

② そして、高校生にとって10年あるいはそれ以上の将来像は、「ふつうは、そうだろうな」程度の話なのかもしれず、その「ふつう」は親の期待の認知などとより深く関連しているのではないか。

③ いずれ直面する進学や就職という局面において、地元に残るか外に出るのかいう岐路に立たざるを得ない山間部の高校生にとって、その「岐路」がどのように見えるのかを理解するためには、かれら自身から都市がどう見え、また、かれらが生きてきた「小さな世界」の特性を把

握していく必要があるのではないか。

　現在、地方では「地域活性化」「地域貢献」といったことが非常に重要なこととして強調されている。しかし、一人ひとりの人間として、若者たちがどのような夢を描けるのかをしっかりと考える必要もあるだろう。都市に象徴される競争的価値に組み込まれるのではなく、過疎対策の対象として扱われるのでもなく、である。
　最後に、以下のような記述も紹介しておこう。なるほど、むしろ「変わらないこと」によって、故郷が故郷として価値を持つことができるという見方もありえるのではないだろうか。

　自分は、A町は、車があれば簡単に都会に行けて、何の不自由もないため、将来は帰ってきたいと思っています。変にこの町をもっと良くして、住みやすくして、などと手を加えるより、都会に疲れた人は、絶対に帰ってくると思うから、このまま変わらない町を維持し続けてくれるのが一番ありがたいと思います。

1）本章は、以下の文献を再掲したものである（一部改変）。吹野卓・片岡佳美，
　2022，「山間地高校生の定着と移動に関する意識」『山陰研究』15，59-71。
2）奥井亜紗子，2016，「学歴主義の浸透と農村長男の都市移動—兵庫県篠
　山市同郷団体会員調査をもとに—」『農業史研究』50，2-13。
3）アンケート調査票は、無記名で回答するようになっており、配布・回収
　は対象校にお願いした。
4）久木元真吾，2003，「「やりたいこと」という論理—フリーターの語りと
　その意図せざる帰結—」48（2），73-89。
5）石黒格，2018，「青森県出身者の社会関係資本と地域間移動の関係」『教
　育社会学研究』102，33-55。
6）轡田竜蔵，2017，『地方暮らしの幸福と若者』，勁草書房。

第4章

山間部の高校生と地元定住（その2）
―インタビュー調査の結果から―

■ 高校生へのインタビュー調査

　この章では、県立Ｘ高校の生徒を対象に行なったインタビュー調査を
もとに、山間部の高校生の地元定住や都会移住に対する考えについて、
より詳しく見ていく。とくに、親の日々の家族実践が、高校生の「将来
の自分の生活」についてのイメージ形成にどのように影響し、その結果、
高校生の地元定住や都会移住といった選択にどのように関係してくるの
かという点に注目する。

　インタビュー調査は、2021年10月に、2年生・3年生の男女8人に対
して個別に行なった。うち2人は、地方の公立高校が都道府県の枠を超
えて生徒を募集する「地域みらい留学」（島根県外から島根県内の高校
に入学することは、「しまね留学」と呼ばれている）の制度を利用して
県外から来た生徒である。後の6人は、Ａ町およびその周辺出身の生徒
である。

　親へのインタビュー調査から親の家族実践を論じた第1章とは違い、
今度は高校生（子）の語りから親の家族実践の影響を検討する。そのた
め、結果を単純に比較することはできないが、山間部ならではの家族実
践の特徴を見いだすことをねらいとする。

■ 知っているという安心

　前章では、地元地域には「よく知っている」という安心感があることが、魅力やメリットとして語られる傾向を見たが、インタビュー調査でもそうした声が聞けた。

　「やっぱ地元なんで、周りを知ってるじゃないですか、地域とか。だから、関わりやすいというか、住みやすいですよね。人も知ってるし。知らない人も多いけど、分からない場所じゃないから、すぐ話できるしみたいな。」

　「知らん人と何か、気遣って、みたいなんも、すごい息苦しいなっていうのもあるんで、だったら（地元で）何かのびのびとやっていきたいなっていう……。」

　同じ町に住んでいる者どうしであるという意識が強く、自然に挨拶を交わすという関係が心地よいという声もあった。

　「何か普通に挨拶とか広島とか人多くて、しないじゃないですか、まず。挨拶しちゃいけんよみたいな感じ……。だけど、（ここでは）普通に挨拶とかもして返してくれるし、何かそんなに話したことない人でもお疲れさまとか、声かけてくださって、そういうのが嬉しいし、だけ、何か、周りの人からも応援されるし、じゃあ貢献しようかみたいな感じに。何かX高校もそういうのやってるから、そういうのが何か身についたんかなっていう……。」

　「狭い」地域は、生徒たちにとって、魅力あるものである。

■ 「一度は都会へ」

　A町およびその周辺出身の生徒たちに、高校卒業後の進路について親はどう言っているのか尋ねたところ、いずれの生徒も、親は子に地元定住を促すことはないと答えた。かれらの親には、「親は子どもの将来に

ついて干渉せず、子どもの好きなようにさせるべきだ」という意識が強くある。また、親たちは、いろいろな経験をすることが大事だとも考えており、わが子には、どのような進路を選ぶにしても、一度は地元を出て都会を知ったほうがよいと言っている。

Oさん（3年女子）
「あんまりそういうこと（「地元に残れ」など）は言わないです、はい。（きょうだい）みんな出ていく、（それでも）いいよ、みたいな。」
Pさん（2年女子）
「親とかにも、一回は出てみんさいな、経験積んどきんさいみたいな（ことを言われている）。」
Qさん（2年女子）
「お兄ちゃんが継ぐので、何でもいいよ、何してもいいよっていう感じですね。」
「一回出たほうがいいっていうのは言われてるから。」
Rさん（3年男子）
「母は何かずっと、どうするんだみたいなことは聞いてくれましたけど、自分のしたいことをやりんさいとは言われたんですけどね。」
Sさん（3年男子）
「親が、経験として都会は味わっとったほうがいいみたいな感じだったんで。」
Tさん（3年男子）
「何かもう好きなようにしなさいって。（親は家業を、従業員のいる）会社にしたんで、別に継ぐのが僕じゃなくてもいいって（親は）言ってるんで。」

　進路や将来についての親子間の会話で、だれが「跡継ぎ」となるのかというトピックがまったく登場しないわけではない。しかし、これらの

親たちは生徒たちに「べつに跡を継がなくてよい、この地域に残らなくてもよい」というメッセージを送っているのであった。

　親たちにとって、わが子の自由な意思を尊重するということは、親として正しく当然のことであり、それゆえかれらは日々それを意識しながら子育てをしていると言ってよい。しかしその一方で、子の幸せを願う親としては、子どもに対し、一度は都会という広い世界を知ったほうがよいとアドバイスもしたい。インタビューした生徒たちの親の多くは、A町またはその周辺の出身であり、若い頃に大阪などの都会で生活した経験のある人もいる。「一度は都会に出てみんさい」という言葉は、自分自身のそうした経験をふまえてのものとも思われる。だが、一度も地元を出たことのない親もそう言っている。「一度は都会に」というのは、「広い世界を学んでほしい」という、もはや定型となっている親の家族実践なのだろう。

■ 将来について具体的なイメージがない

　前章でも確認したことであるが、生徒たちの多くは、高校卒業後、自分がどこで何をしたいのかということについて具体的なイメージを持っていない。親からは都会に出たほうがよいと言われるが、都会に出て何をするのか、何ができるのか、よく分からないのである。実はこのことは、親たちについても当てはまるようだ。

　ある生徒は、進路について明確な目標を持っていなかった。とくにしたいこと、好きなこともなく、高校では部活も最初はやっていなかったが、学校の先生から、やったほうがよいと言われてようやく始めたぐらいである。3年生になり、いよいよ卒業後の進路を選択しなければならなくなったときにも、何がしたいかよく分からず、どうすればよいか困った。そこで、母親に相談した。すると、母親もよく分からなかったため、母親は自分の友人に相談した。友人からは医療事務の仕事を勧められ、

母親はそれをこの生徒に提案した。医療事務ならA町にも就職先がある
だろうから、それもよいのではないか、ということである。ただ、就職
のためには専門的な知識も必要だからということで、とりあえず県外の
専門学校に進学してみようということになったのだという。

　この生徒の年長のきょうだいは、すでに県外に出ている。親にとって、
子どもが県外に出て行くことは、意外ではない。この生徒は、両親には「子
どもたちがいつか帰ってくることがあればいいな」という気持ちもある
だろうと述べていたが、「いつか帰る」というのは2、3年後、あるい
は10年後といった具体的な話としては考えられておらず、実際のところ、
ほとんどリアリティがない話である。この生徒の家では、先に地元を離
れた兄と姉の部屋は片付けられて、もうないという。生徒は、自分も県
外に出たら自分の部屋がなくなるかもしれないと笑っていた。親からす
れば、子どもは、なんとなく、遠くに行ってしまいそのまま戻って来な
いものなのであろう。

　一方、別の生徒も、卒業後の進路について具体的な考えがないと語っ
た。先の生徒と同様、きょうだいはすでに県外に出ている。両親からは
「一回は出てみんさい」と、「広い世界」を経験することを勧められるが、
この生徒自身は地元を離れたいとは思わないという。地元を出て何をす
るのか、具体的なイメージが沸かないのだそうだ。それに対して親もま
た、「これをしたらいい」とか、助言することはない。「一回は出て」と
言うものの、「何のために」という点については、親もはっきりした考
えを持っていないようである。

　この生徒は、結婚に関心がある。20歳で自分の子どもを持ちたいとい
う。姉が結婚し子どもを育てているので、それを見て自分も早く結婚し
たいと思った。高校卒業後、大学に進学すると4年間も学生でいなけれ
ばならず、お金を稼げない。それなら大学には行かず働いて、結婚の
ためにお金を貯めていくほうがよい、と考えている。それを母親に伝える
と、母親はそれを応援し、アドバイスもくれるという。親の「一回は出

て」というのは、それほど重たい意味を持っていないようにうかがえる。

　もう一つ、別の生徒の事例を挙げよう。きょうだいが地元に残るということもあり、この生徒はとくに、親からは何をやってもいい、自由にしなさいと言われている。この生徒は、最初、将来は介護職に就くことをぼんやりと考えていた。しかし、親の友人から「そんなに若いうちから、介護などしなくてもいいのでは」と言われ、考え直した。つまり、若いうちはもっと「広い世界」を知るのがよいということである。それでこの生徒は、運動部で好成績を取っていたため、スポーツ推薦で大学に進学したいと考えた。けれども、自分のレベルでは無理だと分かった。ここでいくら優秀であっても、全国的には全然通用しないということを知らされたのだった。目標がなくなり、新たな「したいこと」を模索中だが、まだ見つかっていない。親は、何でもやりたいことをしてよいと言うが、目標が不明確なまま県外に出て行ってはいけないと言う。この生徒は、今はやりたいことがないので、都会に出て行く理由がないと思っている。

　これらの事例に見るように、親たちは「広い世界を学んでほしい」と一度は都会に出てみることを子どもに勧めるが、都会に出たとしてそこで何をするのかについては具体的なイメージがなく、そのため「一度は都会に」はそれほど強力なメッセージにはなっていない。おそらく、大学進学という道を選ぶことが想定されていないため、都会に出ることだけが漠然と強調されるのであろう。親たちは、子どもの好きなようにすればよいともいうが、子ども自身も何をしたいのか具体像はなく、結局、状況に妥協的になっている感がある。こうなってくると親たちは、結婚したいというなら結婚したらいい、目標がとくにないというなら地元に残ればいいというように、子が「狭い世界」にとどまることを認めざるを得なくなる。

■ 矛盾がある

一方、親は「広い世界を」と言って子を鼓舞するものの、現実には「広い世界」に飛び立つための条件が整っていないということに気づき、葛藤や苛立ちを感じる生徒もいた。

この生徒は、学校の成績がよく、高校の教員からも大学進学を勧められたりもした。教員が親にそのことを話してくれたこともあった。しかし、親の経済的理由でその進路は諦めることになった。そこで、この生徒は、きょうだいが通ったことのある県内の教育訓練施設（職業訓練校）に行き、その後就職するという進路を考えた。ところが父親は、この進路選択に猛反対した。父親は、この教育訓練施設の就職支援のあり方に不満があった。生徒は父親と対立したが、結局、父親の言う通り、地元での就職を選択し、内定も得た。ところが父親は、今度はその就職先について「ブラックだ」と言ってきて、「就職ではなく、もっと好きなことを追求すればよかったのに」とも言った。この生徒からすれば、親が言うから不承不承就職したのに、それが認めてもらえないというのは、矛盾でしかない。

母親も、自分のしたいことをやればよいと言ってくれるという。しかし実際には、お金がかかるから家から通えるところで、となる。そうなることをこの生徒は分かっている。だから、母親も矛盾したことを言っていることになる。結局、やりたいことがあってもチャレンジなどできないし、選べる選択肢はないのだと、この生徒はその矛盾を察知し、諦めている様子であった。

この父親については一見筋が通らないことを言っている印象があるが、ある意味で「子どもに広い世界を」という家族実践により没頭しているようにもうかがえる。ここでいう「広い世界」は、「立身出世」への道に通ずるものである。父親は、本当は子どもに現在の「狭いところ（田舎、経済的弱者）」から「広いところ（都会、経済的強者）」へ飛び立ち「大

きく」なってほしかったのではないか。けれども、その実現のためには
お金もかかり、自分にはその余裕がない。その矛盾とそれに対する苛立
ちが、子に対して「何をしてもダメ」というような態度を見せることに
つながっているのではないだろうか。

■ 生徒が積極的に地元定住を選ぶとき

　一方で、自分の将来像について具体的に語った生徒もいた。いずれも、
地元で暮らしていくことを選択している。

　ある生徒は、将来はA町でスポーツトレーナーになって地元地域の子
どもや高齢者の役に立ちたいと語った。また、スポーツでこの町を盛り
上げることができればよいとも思っているという。スポーツトレーナー
になるための資格を取りたいので、高校卒業後は専門学校に行くことを
決めた。A町には専門学校はないので、当然この町を出ることになるが、
親が「一度は都会を経験したほうがよい」と言っており、自分もその通
りだと思っていたので、この機会に都会で暮らすことにした。しかし、
そのまま地元に戻ってこないというわけではなく、必ず戻ってくるつも
りである。

　この生徒は、この地域が好きで、地域の人びとに今までよくしても
らってきたという感謝の気持ちもあり、ここでずっと暮らしていきたい
と思っている。都会に出るのは、あくまでも手段である。

　「地域を見直すというか、見つめ直してから、やっぱりここがいいな
と思った。」

　このように、将来この町で暮らしていくことは、自分が主体的に選ん
だことだと強調した。大都市にも外国にも行ったことがあるが、そんな
に魅力は感じなかった。むしろ自分の住んでいる地域のよさをあらため
て確認することになったという。

　なぜそれほど地元が好きと思えるのかについて尋ねると、この生徒は、

親の影響があると述べた。両親は、この地域でいきいきと生活している。父親は、地域の大人ばかりの会合や宴席にもこの生徒をよく連れて行き、そこで父が本気で議論しているところや、酒を飲んだ大人どうしが本音をさらけ出して語っているのも見せてきた。また、見せるだけでなく、地域の大人と対等に話をする機会も与えてきたという。そのようななかで自分も次第に地域住民の一員だという認識を持つようになった。

　子を大人と対等に扱うという点は、母親にも共通して見られる。母親は、自分の職場でこんな問題があったといったような仕事上での悩みを、父だけでなくこの生徒にも話してくれる。また、今回、専門学校に行くためにかかる費用についても、両親はまったくオープンに「こんぐらい、かかるよ」と学校に納める現金を自分に見せ、家庭の経済について話をしてくれた。親たちのそうした家族実践は、この生徒にとって、家族の「理想」を示すものである。そのような家族に比べ学校は、生徒を大人扱いしないところなので、あまりおもしろくないという。

　この生徒の親は、「一度は都会に」という言葉にも見られるように、「子どもには広い世界を」の家族実践をしている。しかしそれ以上に、わが子を大人同様に扱うという家族実践を行なっているという点が特徴的である。その家族実践は、家族や地域においてこの生徒の、自立した大人、つまり社会人としてのデビューを早々に実現させることになっている。そしてそれは、生徒がこの地域での将来の居場所ないしは役割を取得することにもつながり、ずっとここにいられる安心をもたらしていると考えられる。

　もう一つ、別の事例を見てみよう。この生徒は、大学で農学を勉強して、将来は家に帰って農業をしたいと考えている。両親も農業を営んでいるが、従業員を何人も雇うほどの経営規模に発展させている。そのため親はこの生徒に対し、後継者には従業員もいるから心配はないので好きなことをしてほしいと言っており、県外の大学に行くことも勧めている。やはり、子どもは「広い世界」に出たほうがよいということである。

父親が大学進学で一度都会に出た経験もあり、そうしたことがとくに強調されている。この生徒も県外進学を考えたり、大学卒業後も県外で仕事を経験してみるのもよいかもしれないと思っている。しかし、実際には都会にそこまでの憧れもこだわりもない。むしろ、自分の家が好きなので、都会に出なくてもよいし（したがって、進学先も地方の大学でよい）、出たとしても将来は家に戻ってくることを考えているという。

　この生徒は、中学生のときから地元の過疎化が進んでいることについて聞かされてきたため、その解決に向けて自分も何かできればいいと思っていると語った。だから、将来はここに帰ってくるのだと語った。

　帰郷して農業をしたいと考えるのは、親の影響もあるという。親は、子どもが幼い頃から、自分たちの農業の仕事を子どもに見せてきた。一緒に農作業も行なってきた。この生徒は、それがとても楽しかったという。また、母親は、地域の過疎化をなんとかしないといけないと考えていて、そのためには若い世代が農業にもっと関心をもつことが大切だと、地元の子どもたちを集めて「田んぼアート」の活動にボランティアで取り組んでいる。そういった親の姿を見て育ち、自分も地元地域のために何か貢献できれば……と考えるようになったという。

　後継者は従業員に、田んぼアートは地元の小学生と一緒に、というようにこの両親は、直接わが子には地元地域や農業に対する意識を高めようとはしていないし、してはいけないとさえ思っているようでもある。しかし、この生徒は、それを自分へのメッセージとして受け止め、地元定住への意志を強めているようであった。

■　「広い世界を」からは逃れられない

　第1章で見た、進学校に通う生徒の親たちと同じように、この山間地の親たちもやはり「広い世界の学び」を重視した家族実践を行なっているようであった。ただ、進学校の生徒の親たちの「広い世界を」の家族

実践には、わが子を（都会の）大学に進学させるという、はっきりした目標があり、それゆえそれに向かって家族実践自体も活発になっていたが（目標が達成したら、停滞してしまうのだが）、山間地の高校生の語りから見えてきた親の「広い世界を」の家族実践は、目標がそれほど明確ではなかった。よって、親たちがその家族実践にそこまで熱心であるようにはうかがえなかった。子の進路選択で、親の友人が関与してくるという事例がいくつか見られたが、このこともまた、親自身が特段「子どもには、こうあってほしい」という考えや思いを強く持っていない、また、強く誘導していないことを示唆している。

　とはいえ、これらの親たちも「子どもには広い世界を学ばせる」というのを親として正しいことと思っているので、それでもそれに基づいた家族実践を行なっていくことになる。言い換えれば、かれらは子を県外に送り出すような家族実践をやらねばいけないと思っている。したがって、子が地元に定住するとなれば、その家族実践との矛盾に直面することになる。ただ、そもそも「広い世界を」の家族実践にさほど熱意のなかった親たちは、子の「とくにしたいことがないから地元に残る」「地元に残って結婚したい」という選択も容認できている。

　一方、親が「広い世界を」の家族実践を行なっていても、生徒たちのなかには、将来も地元で暮らしていくことを選択すると述べるケースもあった。それらの親は、子に地元地域とか農業に積極的に関わらせる家族実践も行なってきていたという特徴があった。つまり、かれらは地元定住を促す（いわば「狭い世界に留まる」）家族実践もしてきたのである。この家族実践は一見、「広い世界を」の家族実践とは両立しないようだが、生徒たちにおいてはまったく矛盾しないということも示唆された。

　というのも、将来も地元に住むことを積極的に選ぶという生徒たちは、地元を一度離れ「広い世界」を経験してから地元に戻ってくることを選んでいた。その点で、「広い世界を」という親の声には一応従っていると言える。そしてもう一つ、かれらが将来は地元で地域社会のために役

立ちたいなど、「地域貢献」を強調していた点にも注目したい。地域貢献は、近年学校教育の場でも強調されているものだが、その含意するところは、ただ地元にいるというのではなく、そこで主体的に行動する・役に立つ・発展する・成長するということである。地域活性化、地域おこし、地域を元気にする……等々、地域が発展するために自分が何かアクションを起こし、そしてそのことを通して自分も新しい発見をして成長する、といったストーリーがそこに込められている。したがって、地域貢献は、「広い世界の学び」が追求する価値と調和するのである。

もっとも親たちがそのことを意識して、「広い世界を」の家族実践と、地元への関心を高める家族実践の両方を行なっていたわけではないだろう。かれらにとって、後者がより重要な家族実践で、前者は、これまで見てきた他の事例と同様、やらなければならない「義務」としての家族実践だったと思われる。それだけ、親の生きる社会（大人たちの社会）は、「広い世界」という成長・発展を当然としているということである。

ただし、子にとっては、「義務としての家族実践」などない。そのため地元定住を選ぶ生徒たちは、より広い世界を学び成長していくことと、地元地域のために自発的に活躍していくことを結びつけ、整合性を持たせ、親など大人たちのメッセージや期待、あるいは価値（とかれらが考えているもの）に応えているのである。結果的にそれは、「広い世界を学ばせる」から逃れられない親たちに対し、子の地元定住選択の正当化を可能にするだろう。

■ 県外から来た高校生

今回のインタビュー調査では、「しまね留学」として県外からこの高校に入学した生徒2名の話を聞くことができた。いずれも3年生で、卒業後の希望進路については、一人は出身地に戻って進学すること、もう一人はA町からは離れるが島根に残って進学することを考えていた。た

だ、後者の生徒も、就職となると、島根にこだわらないということであった。かれらにとって島根は、通過点であり定住先ではない。

　二人とも、中学3年のときに親が「地域みらい留学」について情報を入手してきて、「これはどう？」とかれらに紹介したのがきっかけで、この高校に入学することになった。

　一方の生徒によれば、小さい頃から、親は、子どもに冒険させることが好きだったという。知らない人ばかりのキャンプに一人で参加させたり、富士山などハードな登山にも生徒いわく「親から強制的に」行かされたりもしていた。一人っ子であるが、高校進学と同時に親子が離れて暮らすことになっても、親は「悲しいとは思ってないと思う」ということであった。

　この生徒は、中学生の頃は、習い事や部活で忙しい日々を送っていた。習い事は3つ掛け持ちしており、それらは全部親が勧めたもので、嫌でもなかなかやめられなかったという。いろいろなことにチャレンジし経験をしておくことを重視するという点では、この親もまた「広い世界を学ばせる」家族実践を行なっていたと言え、しかるに島根への進学を勧めたのもその一環であったと見受けられる。

　もう一人の生徒は、家から離れたかったという気持ちが強かったのが、このX高校への進学を選んだ理由だと述べた。反抗期の中学生だったこともあり、家族、とくに親と一緒にいるのが嫌だったという。そこで、親から「地域みらい留学」を教えてもらい、この高校への進学を選んだ。中学時代は、部活をしながら塾に週5日も通うなど、忙しい日々を過ごしていた。家族といるのが嫌だったというが、そのような忙しい毎日を送っていると家族との時間などそもそも少ないと考えられ、また、本人自身、家族のことは嫌いではなかったとも述べている。実際、親も進学先について一緒に考えてくれるなど、親子関係も悪くないようにうかがえる。おそらく、そうした追われるような日常から脱出したかったというのが、県外進学の動機にあったのかもしれない。

この生徒が多忙な日々に嫌気をさしているなかで家族と距離を置きたいと思った背景には、親がこの生徒に多忙で余裕のない生活をもたらす一因となる家族実践をしていたことがあった可能性も考えられよう。実際、この生徒が島根に来るまでは、母親はお金がどんなにかかっても子どもに塾通いをさせることを当然として考えていたということであった。

　また、この生徒は、母親から、島根にいる間の課題として、島根のいいところを探しなさいという、本人いわく「お題」が与えられていた。島根にいたことについて、よかったと思える何かを残さなければならないということである。それに対し、生徒はついに答えを出し、さらにはそれを形にした成果物が学校でも評価され、母親も喜んでいたという。何かを得た、達成した、といったものを重視する立場は、「広い世界」で強調される価値である「成長」と通底している。そう考えると、やはりこの母親も「子どもに広い世界を学ばせる」家族実践を行なっていたのかもしれない。

　ところで、これらの生徒は、Ａ町の人びとや、地元地域から通う生徒たちをどのように見ていたのか。一人は、Ａ町の人びとが「何か、よそ者に優しいというか、大歓迎みたいな空気がある」と述べた。ただ、学校内では「よそ者」が浮く。もう一人の生徒は、すでにグループができあがっているところに自分のような新参者が来たら、新参者はつねに排除されるということを実感したという。みんなに合わせて行動しておけば間違いないと考えていたが、新参者はどうやってもみんなと違ってしまう。だからそのうち、人に合わせようとするのではなく「自分は自分」として行動したほうがよいと思うようになったという。嫌われてもかまわないと開き直って、思っていることをはっきり言うようにしたほうが、「自分はちゃんとしたことを言った」と、自分でも納得がいくのだという。そのことに気づいてからは、先輩、後輩、関係なく、そのようにふるまっている。一人でも強い。

　他方の生徒も、休みのときは一人で過ごすことが多いと言っていた。一人でいることに充実感があるということである。近年、若者の間では、一人ぼっちであること、浮いて目立つことを、極端に嫌う傾向が指摘されているので[1]、こうした「一人でもこわくない」という態度は今どきでは珍しいものに感じられる。かれらが一人でいることを恐れずにいられるのは、もしかすると、かれらが「都会」から来ているという強みを持つからなのだろうか。

　今回インタビューした地元出身の生徒の中には、都会から来ている生徒たちには圧倒されると述べる人もいた。「なんかすごい偏見なんですけど、テンションがここだから（高いから）、ロー（落ち込んでいるとき）もここら辺（そんなに低くないところ）なんじゃないかなっていうのがあって」と、都会の人間はずっと元気ではつらつとしているというイメージを持っていたという。実際に会うと、思った以上に繊細で、ときに暗さが激しかったりするが、コミュニケーション能力も長けていて、あらためて「しゃべり方がうまいなとか、（自分は）何かずっと（かれらの話を）聞き入っちゃうんで。「確かにな……」みたいな。」と思ったということである。生徒間のコミュニケーションで、都会から来た生徒が決して劣勢ではないということがうかがえる。

1）たとえば、土井隆義は、スマートフォンなどモバイル機器の普及により、子どもたちが常時友だちとつながっていないと不安になる「つながり過剰症候群」に陥っていることを指摘した。つながり依存症になっている子どもたちにとって、一人でいることはリスキーなことであるという。
　土井隆義，2014，『つながりを煽られる子どもたち―ネット依存といじめ問題を考える―』，岩波書店。

むすびに代えて

　一連の調査結果をふまえ、島根の高校生とその親にとっての都会・地方とは何か、あらためて考えてみたい。

　親の役割は、子どもを成長させることだが、将来幸せになるように成長させなければならない。そうした「成功した」成長は、未知の、広い世界を知ることによって可能となる。だから、親は子どもをもっと広い世界に導いてやらなくてはならない。そして、広い世界でしっかり生きていけるよう、親は子どもに力をつけてやらなくてはならない。その広い世界で活躍できることが、子どもの幸せにつながるから。親は子どもの幸せを第一に考えなければならない——こうした考えが、親たちの家族実践を形づくっている。それは、「親はだれよりも子どものために一生懸命でなければならない」という近代家族的価値観に基づくものであり、島根のような地方に限らず全国どこの親にも見られるものである。だが、地方の場合、子どものためのそうした家族実践が、子どもを「都会の大学に行かせること」をゴールにして進められていく傾向がある。大学に行かせることが難しいとなれば、最低でも「一度は都会を経験させること」が目標となる。

　なぜ、「広い世界」が「都会の大学」、あるいは最低でも「都会」になるのか。

　地方では、産業、経済、教育、医療など、さまざまな領域で、都会よりも「不足している」「遅れている」という意識が強くある。都会は、物もサービスも豊富で種類も多く、かつ、先進的で、地方が知らないものがたくさんある「広い世界」である。それゆえ、地方という「狭い世界」に留まっていては、将来の成功につながる成長が遂げられないと考えられていく。

　加えて、われわれの社会では、高学歴ほど条件のよい職業に就けるというメリットがある。それは、「広い世界」で学んだ経歴を持っている

ことに価値が与えられるからであり、かつ、「広い世界」を学ぶことで実現する「成功した成長」が、どこでどれほど学校教育を受けてきたかの点から測定可能であるという考えが浸透しているからである。だから、将来のある若者は高校卒業後、今度は大学、しかも「広い世界」すなわち都会の大学に進学し、見聞を広め、大学卒業後は「広い世界」すなわち都会で高学歴を活かした職業（＝条件のよい職業）に就く。それが、望ましいコースとなる。

　もちろん、行きたい大学には定員があるので、競争となる。そのため親は、子どもがその競争に勝ち残れるよう塾通いや英才教育などにお金を使い、エネルギーを注ぐ。それが、子どものためを思う親たちの家族実践となる。高校は、そうした親たちの期待にも応え、大学受験の指導に力を入れる。

　そうした「エリート」コースが追求される結果、地方では若者の流出が進み、過疎高齢化はさらに深刻となる。そして、地域経済の衰退をまた許してしまう。こうして、いつまでも地方は「狭い世界」で、都会は「広い世界」のままとなり、都会が「勝ちっぱなし」の状態が続いていく。

　地方では、なんとかこのような「負けっぱなし」の状況を脱却しようと「地域活性化」や「地方創生」を叫んでみたり、地元のよいところを発見・強調し愛郷心を育む「ふるさと教育」を推進したりもする。だが、それらは「都会並みに経済的に成功しているか」「都会の人から高く評価されているか」という、都会を基準とする価値尺度をまた持ち込んでいる。それでは、地方は「都会に比べて弱者」という立場から抜け出せない。

　都会を「勝ち組」、地方を「負け組」とし、生徒たちに「勝ち組」になることを目指す競争を煽っていく悪循環。実はその元となっているのは、競争主義的・市場主義的な価値意識であり、それは、今日グローバルに拡がっている資本主義がもたらしているものである。この原理自体から抜け出さないかぎり、この悪循環は断ち切れず、地方の親たちは「広

い世界を」と言いながら子どもを都会に送り出し続けるだろう。

　とすれば結局、資本主義システムの枠組みから脱却しなければ問題は解決しないということになる。しかし、それは簡単な話ではない。なぜなら、システムはシステム維持機能を内在化しているため、どうしても資本は資本の論理で動き、法人は法人の論理で動き、そしてその中で親たちはその環境に適応しようとするからである。今回の調査でも、親がいかに「広い世界を」の家族実践から自由でないかということを見てきたところである。かれらは、この枠組みの中ではそうならざるを得ない。したがって、資本主義システムの枠組みから自由になるためには、システム自体が変化して、社会全体が、市場主義的な価値ではない別の価値を追求するものになっていかなければならず、そのためにその新しい価値がまず示される必要がある。

　では、それはどのような価値なのだろうか。そのヒントを、今回の調査結果に見いだせないだろうか。

　たとえば、とくに山間地の高校生が語った、「よく知っている世界」、つまり「狭い世界」でこそ得られる安心感と心地よさ。そうしたものは、資本主義社会の価値観では「井の中の蛙」でいることを意味し、したがって、成功するための成長のストーリーから外れてしまうためマイナスの評価が与えられてきた。しかし、よく知っている「狭い世界」のほうが「のびのび生きられる」というかれらの感覚は、もっと尊重されてもよいのではないか。自分のことをよく知っている人たちに囲まれ、自分の居場所や役割が自他ともにとって明確で、地に足をつけて生きていけること。そのような生き方が幸せだという考えもあるのだ。

　だが、親たち、そしておそらく高校生自身も、そのような生き方は、「広い世界」に出てがんばるという生き方を諦めて妥協したものだと見なしがちである。成功する成長のために「広い世界」に出ないといけないという、資本主義の成長・拡大至上主義が根づいているためである。

　確かに、近年では、「狭い世界」に残ることに対する新しい捉え方が

生まれ、広がりつつもある。それが「地域貢献」である。地元地域に暮らし続けることになっても、それは妥協して「狭い世界」に残っているわけではない。過疎対策、地域活性化といった、地域のために役立つことをし、そしてそれを通じて自己を成長させる。それは、成功のための成長のためのストーリーの新たなバージョンとなるかもしれない。

　「地域貢献」を強調すれば、地元に残っても「負け組」にならない。しかし、これは「広い世界」で成長し成功するというストーリーの範域を拡張しただけで、従来の枠組みを変えたわけではない。何より、前述したように、地域貢献の目標は、「地域活性化」「地方創生」など、地方が「都会並み」になることが含意されがちである。したがって、資本主義の枠組みを超克することはできず、「地域貢献」として語られない「狭い世界」──よく知っている世界での安心──は、相変わらず周縁、すなわち「負け組」的立場に置かれたままである。

　資本主義的価値が絶対ではないということは、近年、気候変動の問題などを通して、多くの人びとが（薄々でも）感じていることである。いまや都会においても、県外・都会から島根の山間地の高校に進学した生徒の事例がそうだったように、資本主義が推し進める競争主義に嫌気をさした生徒たちが地方に目を向けるようになっている。結局、「広い世界」での学びとは、試験で何点取ったか、試合やコンクールで優勝・受賞したか、検定・資格試験に合格したか、海外に留学したかといったことで評価される、エリート教育に回収されるものとなりがちで、子どもの「個性」「多様性」の尊重という理想からは程遠い。そのようなものに追い詰められている子どももいるということも忘れてはならない。

　資本主義の枠組みを超える新たな価値を見いだすためには、資本主義システムから取りこぼされた地方、すなわち周縁、「弱者」の側に注目しなければならないだろう。よって、地方の若者が重視する、顔も名前もよく知っている人たちの中にいる安心感とは、市場経済や経済拡大を前提とする今の社会が重視する価値とは異なる、新たな価値を示すもの

である可能性もある。

　たとえば、こんなことを考えてみてもよいのではないか。今の価値観から言えば、地方の若者が地元地域に残り続けることは、「狭い世界」に小さく収まっているだけだと見なされるだろう。しかし、それぞれの若者の「よく知っている世界」、すなわち、自らの居場所と自分や他者のかけがえのなさを実感できる「安心の世界」は、狭い田舎の中であるがゆえに、ところどころ重なり合う可能性が大きい。〇〇さんのことをよく知っている××さんは、△△さんの知り合いでもあった、というふうにである。このように、それぞれが生活拠点とする「よく知っている世界」は、つながっていくことが考えられる。つまり、「私たちの知っている世界」が拡大・延長されていくのである。昔のテレビ番組で流行った「友だちの友だちは皆友だちだ」というフレーズのように、互いの身内の者どうしがつながればその人は自分の仲間になる。こうした「拡張された共感」がつくり出す世界は、かれらにとって身近であるが、もはや「狭い世界」とは言えないだろう。

　このようなことを考えてみると、一連の調査研究を通して見えてきたのは、「地方」を論じる新たなパースペクティブであると言ってよいだろう。図14に示すように、地方を考える視点として、これまではⅠ～Ⅲが中心であった。すなわち、「広い世界」を目指し県外へと流出していく若者はⅠ、都会に追いつこうと産業誘致による地域振興や地方創生キャンペーンに励むのはⅡ（競争主義に巻き込まれる弱者）、昨今のスローライフ人気や田舎暮らしブームは「都会の生活に疲れたので自然豊かな田舎がいい」など都会目線での田園賛美であるかぎりⅢに当たるだろう。これから注目すべき「地方」とは、Ⅳ（弱者のままでの脱競争）から提言する地方である。たとえば、社会的資源の不足という弱みが、逆に排外主義を脱却して共同体どうしを結びつける強みとなる、といった諸知見に基づく理論構築の試みが今後の課題である。それは、単に地方の問題を解決しようとするにとどまらない。新たな価値を、地方の視

点から全体に向けて発信しようとする創造的試みである。

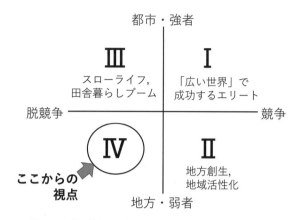

図14　「地方」を論じるためのパースペクティブ

【謝辞】

　本書で取り上げた一連の調査研究にご協力いただいた方々に、この場を借りてあらためてお礼申し上げます。

　本研究はJSPS科研費19K02076、および島根大学法文学部山陰研究センターの助成を受けたものです。

付録　調査票1

こちらの面は高校生の方がお答えください。

【問1】あなたの性別について，当てはまる番号に○をつけてください。

　　1．女性　　　　　　　2．男性

【問2】次のようなことについて，あなたはどう思いますか。a～v のそれぞれについて
　　　当てはまる番号に 1 つずつ○をつけてください。

	そう思う	ややそう思う	どちらとも言えない	あまりそう思わない	そう思わない
a. 大学には絶対に進学したい	1	2	3	4	5
b. 高校卒業後，少なくとも一度は都会で暮らすことになるだろう	1	2	3	4	5
c. 早く親から自立したい	1	2	3	4	5
d. 親が高齢になったら，親の身の回りの世話は私がするだろう	1	2	3	4	5
e. 親に経済的な負担をあまりかけたくない	1	2	3	4	5
f. 大事なことは，親に相談するようにしている	1	2	3	4	5
g. 老後は，島根で暮らしたい	1	2	3	4	5
h. 平凡な人生でよい	1	2	3	4	5
i. 将来は，海外で活躍する人になりたい	1	2	3	4	5
j. 都会の人は，地方の人より得をしている	1	2	3	4	5
k. 家の跡継ぎになることについて考えたことがある	1	2	3	4	5
l. 社会的・経済的に地位が高い人になりたい	1	2	3	4	5
m. 都会であくせく生きていくのは嫌だ	1	2	3	4	5
n. 都会に出なければ，「勝ち組」にはなれない	1	2	3	4	5
o. 人に流されず，自分らしく生きている実感がある	1	2	3	4	5
p. 都会で一人で生活していく自信がない	1	2	3	4	5
q. 自分の人生の可能性を広げるために，一度は都会で暮らしたほうがよい	1	2	3	4	5
r. 自分のふるさとに誇りをもっている	1	2	3	4	5
s. 高校卒業後も，今住んでいる地域に残りたい	1	2	3	4	5
t. 自分が育った地域のために，何か役に立つことをしたい	1	2	3	4	5
u. 都会には，あまり魅力を感じない	1	2	3	4	5
v. 現実的に考えれば，自分は今後，県外に出て，もう戻らないというコースを辿るだろう	1	2	3	4	5

以下，「お子さん」とは，「本調査に回答しているお子さん」を指します。

【問1】あなたの性別について，当てはまる番号に〇をつけてください。

    1.　女性　　　　　　　　2.　男性

【問2】ご家族に，4年制大学を卒業された方または在学中の方はいらっしゃいますか。
当てはまる番号すべてに〇をつけてください。

    1.　あなた　　　2.　あなた以外の保護者　　　3.　お子さんの兄・姉

    4.　その他の同居家族　　　5.　だれもいない

【問3】お子さんを育てていくなかで，次のようなことはどのくらいしてきましたか。
a〜e のそれぞれについて当てはまる番号に 1つずつ〇をつけてください。

	積極的にしてきた	わりとしてきた	あまりしてこなかった	全然してこなかった
a. 島根の海や山などの大自然を親子で楽しむ	1	2	3	4
b. 子どもが外国への関心を高めるよう導く	1	2	3	4
c. 子どもの悩みの相談に乗り，助言する	1	2	3	4
d. 家庭の経済状況について親子で話をする	1	2	3	4
e. 子どもの部活動を重要視する	1	2	3	4

【問4】お子さんの将来の幸せのために，次のようなことは重要だと思いますか。a〜j
のそれぞれについて当てはまる番号に 1つずつ〇をつけてください。

	とても重要	やや重要	どちらとも言えない	あまり重要でない	まったく重要でない
a. 就職活動のために，資格や免許を取っておくこと	1	2	3	4	5
b. 都会の有名な大学に入ること	1	2	3	4	5
c. 公務員や大企業など，収入や地位が安定した仕事に就くこと	1	2	3	4	5
d. 親（あなた）と一緒に，または近所で暮らすこと	1	2	3	4	5
e. 地元定住にこだわらず，もっと広い世界に出てがんばること	1	2	3	4	5
f. たとえ収入が不安定になっても，自分のしたいことや夢を追求すること	1	2	3	4	5
g. 進学や就職で一度は県外に出たとしても，いずれはふるさとに戻ってくること	1	2	3	4	5
h. さまざまな価値や文化と接し，視野を広げること	1	2	3	4	5
i. 都会で大成し，一角の人物になること	1	2	3	4	5
j. ふるさとに誇りをもって住み続けること	1	2	3	4	5

ご協力，ありがとうございました。

高校生の移住・定住意識についての調査

島根大学法文学部社会学研究室

みなさんには，ますますご活躍のこととお喜び申し上げます。

さて，このたび私どもは，島根の将来を考えるにあたって，若い人たちの人生観や将来展望についての分析が必要であると考え，高校生を対象にした調査を企画しました。

回答は無記名で，どなたの回答であるかは特定できず，プライバシーが外部に漏れるなどご迷惑をかけることはありません。ぜひご協力をお願いいたします。

【問1】あなたの性別について，当てはまる番号に○をつけてください。

1. 男性　　　2. 女性　　　3. その他

【問2】学年，学科をご記入ください。　　　　（　　　）年（　　　　　　　）科

【問3】中学生のときに住んでいた市町村を記入してください。　　　（　　　　　　　）

【問4】あなたは将来，A町やその周辺で暮らしていると思いますか。①～③それぞれについて当てはまる番号に1つずつ○をつけてください。

① 10年後・・・　1. 暮らしていると思う　　2. 暮らしていないと思う
② 20年後・・・　1. 暮らしていると思う　　2. 暮らしていないと思う
③ 50年後・・・　1. 暮らしていると思う　　2. 暮らしていないと思う

【問5】「高校卒業後，都会に移住せずA町やその周辺で暮らしていく」ということについて，あなたはどう思いますか。考えを書いてください。また，この地域に住み続けることのよい点・悪い点，あるいはこの地域に暮らしていて思うことなど，何でもご自由に書いてください。

【問6】お父さんまたはお母さんは，あなたにA町やその周辺に住み続けてほしいと思っていますか。当てはまる番号1つに○をつけてください。

1. そう思う　　　2. ややそう思う　　　3. どちらとも言えない
4. あまりそう思わない　　　5. そう思わない

【問7】「人生の可能性を広げるため，一度は都会に出たほうがいい」と思いますか。当てはまる番号1つに○をつけてください。

1. そう思う　　　2. ややそう思う　　　3. どちらとも言えない
4. あまりそう思わない　　　5. そう思わない

■執筆者一覧

片岡 佳美（かたおか よしみ）：島根大学法文学部教授
（はじめに、第1～4章、むすびに代えて 執筆）
　専門は家族社会学。著書『子どもが教えてくれた世界』（世界思想社, 2018年）、訳書に『家族実践の社会学』（共訳，北大路書房，2017年）など。

吹野　卓（ふきの たかし）：島根大学法文学部教授（第2章、第3章 執筆）
　専門は社会学方法論。著書に『島根の原発・エネルギー問題を問い直す』（共著，今井書店，2016年）、論文に「語られた『生き甲斐』の構造―中山間地域調査における自由回答の数量的分析―」（共著，『社会文化論集』第3号，2006年）など。2023年4月より島根大学名誉教授に。

山陰研究ブックレット12

都会に出ること、地元で暮らすこと
―島根県高校生・保護者調査から―

2023年3月31日　初版発行

著　者　片岡　佳美　吹野　卓

発　行　今井印刷株式会社
　　　　〒683-0103　鳥取県米子市富益町8
　　　　TEL 0859-28-5551　FAX 0859-48-2058
　　　　http://www.imaibp.co.jp

発　売　今井出版

印　刷　今井印刷株式会社

製　本　日宝綜合製本株式会社

ISBN 978-4-86611-333-3

『山陰研究ブックレット』刊行のことば

　山陰は人口減少時代を一歩先に経験しながら、そこには豊かな自然と誇るべき文化、経済、社会が生きています。島根大学では多くの教員がこの山陰地域の研究に取り組んでいます。2004年に発足した法文学部山陰研究センターは、地方文化の創造、地域社会の文化水準と生活水準の向上に寄与することを願って、山陰地域の文化・教育・経済・社会・自然などの諸問題についての研究を推進し、大学内外の研究者によって構成された山陰研究プロジェクトによる共同研究も行っています。

　かつて島根大学では開学十周年事業として作られた山陰文化研究所により「山陰文化シリーズ」が企画され、多くの人に愛読されてきました。このよき伝統を引き継ぎ、発展させることを意図し、山陰研究センターにおいても、共同研究の成果を広く地域社会の共有財産とすることによって、地域社会の生活と文化をより豊かにすることを目指しています。このため、分かりやすく、興味深い内容の単行本として、「山陰研究シリーズ」4冊の刊行を実現してきましたが、これに引き続き「山陰研究ブックレット」を刊行していく計画を立てました。

　昨今の出版事業の厳しい中、少部数発行の地方出版のこととて、その前途には険しいものがあります。それだけに、読者の皆様には各方面で本ブックレットを紹介し活用していただくなど、格別のご理解とご協力を得て、所期の目的を達成したいと思っています。

2012年3月